東京周辺 神社仏閣どうぶつ案内

神使・眷属・ゆかりのいきものを巡る

監修 川野明正
明治大学教授・民俗学者

目次

虎
多聞院
1
2
3
4
5
真言宗 豊山派
狛寅の足元にもたくさんの「身がわり寅」が奉納されている
毘沙門天の化身
「狛寅」が本堂前に
元禄九年（一六九六年）、当時の川越 柳沢吉保が三富《さんとめ》新田 した際に、地域の祈願所・鎮守の宮として毘沙門社を創建。明治の神仏分離令によって多聞院と神明社としてそれぞれ独立する。本堂の「毘沙門堂」には武田信玄の守り本尊であった黄金の毘沙門天が祀られている。
虎は毘沙門天の使いとされるため、一対の「狛寅」として親しまれる石虎が奉納されている。「身がわり寅」を奉納して厄除を祈願する人も多く、毘沙門堂の周りは身がわり寅で埋め尽くされている。また、毎年五月には「寅まつり」が行われ多くの参拝者で賑わう。
武蔵野の緑豊かな地に佇む多聞院。牡丹の寺としても知られる
88

1 寺社名
( ) 内は通称

2 御祭神または宗派

神社は御祭神を、寺院は宗派を記載しています。

3 メインカット

境内の動物たちの画像です。

4 本文

5 サブカット

社殿や本堂などの画像です。

＊同じ神仏でも漢字の異なる場合がありますが、それぞれの寺社での表記を記しています。

＊本書に掲載しているデータは、2019年10月のものです。

6 ここに注目！

特に注目したいポイントや関連する事柄を紹介します。

7 授与品 御朱印※等

御朱印帳※、御守、絵馬や、その他の見どころなどを紹介します。

※寺院の場合は納経印・納経帳と呼びます。

8 インフォメーション

住所、連絡先、参拝時間のほか、最寄駅からの所要時間などの交通アクセス。

9 略地図の有無

駅から離れたところに所在する寺社については、P126に略地図を掲載しています。

10 お参りのあとに

きれいな景色が広がる公園など、お参りの後に立ち寄りたいスポットを紹介します。

6
ここに注目！
毘沙門堂前の狛寅は慶応３年（1867）に奉納されたもの。遠目から見ると威厳ある風貌だが、近づいてみると案外柔和な顔立ちをしていることがわかる。
こんな授与品も
携帯できる「身がわり寅守り」。500円
7
御朱印
身にふりかかる災いを託して奉納する御守「身がわり寅」。本堂前にずらりと奉納されている。300円
「武田信玄公守本尊」と書かれている。信玄の毘沙門天像は縁あって柳沢吉保の手に渡り、多聞院に安置された
多聞院
埼玉県所沢
TEL 04-29
[参拝時間]
の入り
[御朱印料]
(御朱印・御守の授与 問い合せ)
[アクセス] 関越自動車道所沢IC
より車で10分
8
※ P126に詳細地図あり
9
お参りのあとに
多聞院の周囲に広がる畑は、江戸時代より開拓された三富新田。細長く区画されて屋敷林が連なる地割は、昔から変わらない。晴れた日は富士山が見える。
三富新田
埼玉県入間郡三芳町上富、所沢市中富、下富
10
69

参考文献

福田博通（文・写真）『神使図鑑─神使になった動物たち』（新協出版社）
茂木貞純（監修）『神社のどうぶつ図鑑』（二見書房）
戸部民夫（著）『神様になった動物たち── 47種類の動物神とまつられた神社がよくわかる本』（大和書房）
上杉千郷（著）『狛犬事典』（戎光祥出版）
日本参道狛犬研究会（編）『参道狛犬大研究──東京23区参道狛犬完全データー』（ミーナ出版）　等

明治大学教授・民俗学者
川野明正先生が教える

寺社の動物に会いに行こう！

お寺や神社の境内には、狛犬をはじめ様々な動物の像があります。なぜこれらの動物像があるのか、どのような種類があるのか、研究者の川野明正先生が楽しみ方をご案内します。

PROFILE ●明治大学教授・民俗学者。東京都立大学大学院人文科学研究科博士課程満期退学、博士（文学）。アジアの民間信仰を、獅子像や、妖怪・呪術・呪符などのテーマから研究。著書に『神像呪符〈甲馬子〉集成──中国雲南省漢族・白族民間信仰誌』（東方出版）、『中国の〈憑きもの〉──華南地方の蠱毒《こどく》と呪術的伝承』（風響社）、『雲南の歴史──アジア十字路に交錯する多民族世界』（白帝社）等。

日本人の心のありようと動物像

寺社の境内には神仏だけでなくたくさんの動物像があります。本堂や拝殿には、獅子・象・貘《ばく》の頭や、龍・鳳凰の彫刻があり、参道や神殿には狛犬もおられます。寺社の境内は、神仏を中心に、魂あるものが集い交感する場でもあるといえるでしょう。神仏にお参りしたら、境内を見回してみましょう。じつに様々な動物像があることがわかります。寺社ごとに異なる個性豊かな動物像を巡ると、日本人が魂あるものに寄せてきた心のありようがよくわかります。

多様な動物像は、命あるものすべてに魂を認めるアジアの感性が背景にあり、万物有《ばんぶつゆう》霊《れい》（アニミズム）的な感性に由来しますが、殊に日本人は、魚介類・家畜のみならず、蚕・卵や道具（筆・針・包丁など）まで供養します。道具はアジア各地でも化けますが、日本では供養もされるのです。万物の魂に深い愛を寄せる感性が、日本の寺社の動物像の豊富さを生んでいます。

動物像のいろいろ

寺社の動物像は、神仏との関係により、多種多様です。神社には「神使《しんし》」といい、各神の伝承に基づき、神の使いの動物が各個あります。以下動物像の分類を示します。1・神使＝（春日大社＝鹿・三峯神社＝狼・毘沙門天＝虎など）、2・インド由来の乗物（文殊菩薩《もんじゅぼさつ》＝獅子・普賢菩薩《ふげんぼさつ》＝象など）、3・神仏を護持する獅子・狛犬、4・殿堂装飾＝吉祥物（龍・鳳凰など）や、教訓や伝説・物語を背景とした動物像（教訓＝三猿《さんえん》・伝説＝登龍門の鯉など）、5・供養の対象（回向院《えこういん》の動物像など）。

狛犬は、中国から日本に伝播した獅子の相方に、九世紀に角のある霊獣を置いたもので、神使とは異なります。本来は神の側から見て左が獅子（開口＝「阿吽《あうん》」の阿形《あぎょう》）・右が狛犬（閉口＝吽形《うんぎょう》）ですが、共に合わせて、のちに狛犬の名で定着します。またサッカー日本代表のエンブレムの三本足の烏が熊野《くまの》大神《おおがみ》の神使の八咫烏《やたがらす》をモチーフにしているように、神使が現代のアイコンとなる例もあります。

動物像は友達！

神使や狛犬は、手に触れて撫でてみましょう。寺社の動物像は「友達」（狛犬研究家故・上杉千郷先生の言葉「狛犬は友達だ」）といえます。動物たちが心を開いて寄り添ってきます。太古の石のぬくもり・石工の心・動物たちの声が、手を通して伝わることでしょう。

寺社参拝マナー

寺社を訪れる際は、神仏に失礼のないように参拝したいもの。
ここでは参拝の流れと作法を紹介します。

1 鳥居・山門の前でまず一礼

帽子、サングラスを外し、
携帯電話はマナーモードに。

2 手水舎でお清め

・右手で柄杓を取って水を汲み、左手を清める。
・左手に柄杓を持ち替えて右手を清める。
・右手に柄杓を持ち替えて左手に受けた水で口をすすぐ。
・左手を再び清める。
・柄杓の柄を立てて残った水で柄杓を清め、元の位置に戻す。

3 参拝する

お賽銭を納め、神社は鈴がある場合は鳴らし、寺院は鐘がある場合はつく。神社は「二拝二拍手一拝」が基本。寺院は静かに合掌する。

4 御朱印・御納経をいただく

社務所や納経所で御朱印・御納経を書いていただいている最中は静かに待ち、受け取るときにお礼を言い、初穂料・納経料を納める。御朱印や御納経は御札や御守と同様に尊いものなので、ノートやサイン帳に書いていただくことは失礼にあたる。専用の御朱印帳や納経帳を用意しよう。

東京エリア

目黒不動尊

泰叡山護國院
瀧泉寺

天台宗

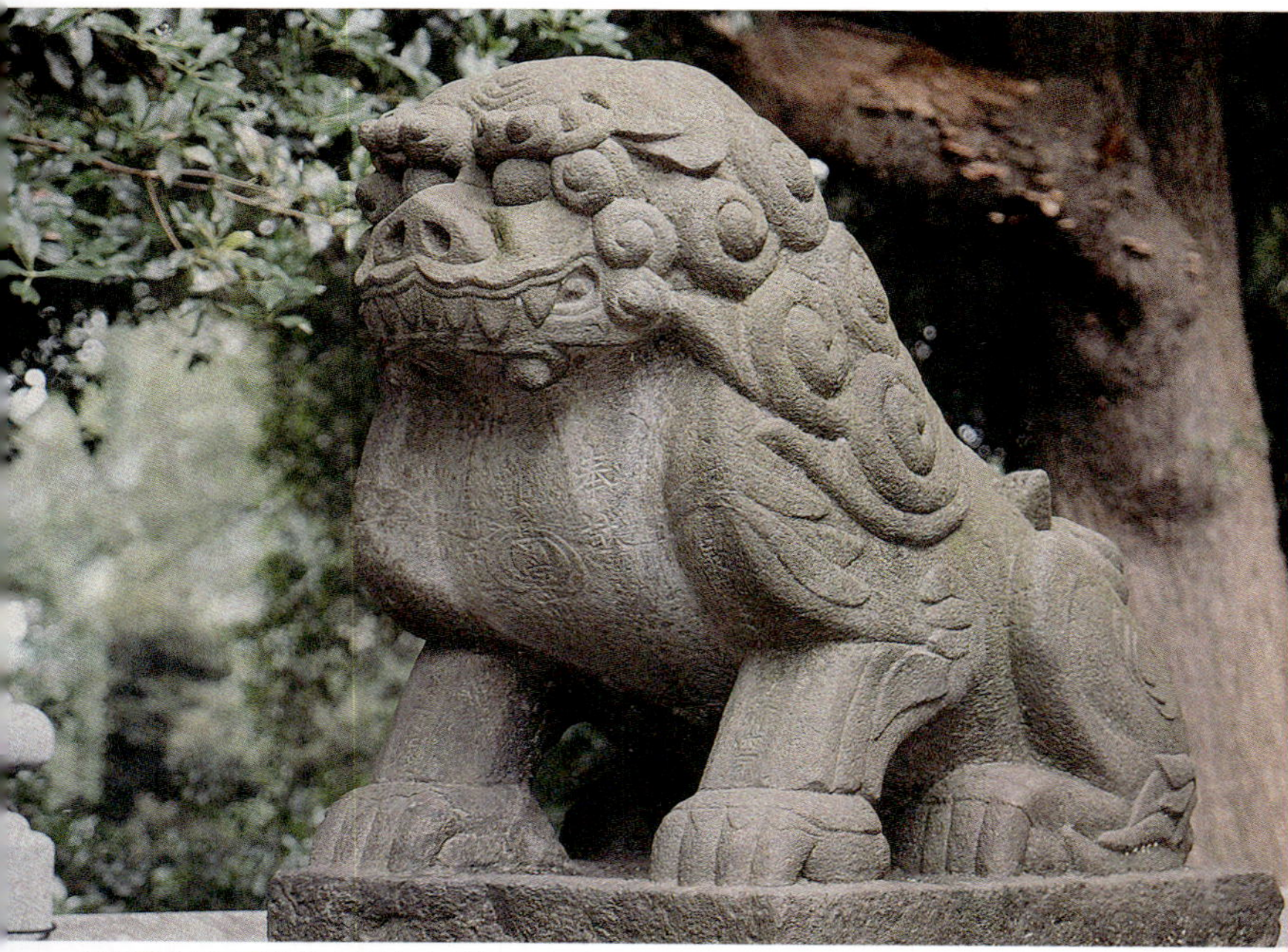

奉納理由は不明だが、玉川上水が竣工した頃であることから、その大願成就との推測もできる

江戸市中最古の参道狛犬が鎮座する

江戸三大不動・江戸五色不動の一つとして尊崇され、江戸時代には境内の独鈷《とっこ》の滝を浴びると病気が治癒するとの信仰から親しまれていた。

　こちらには都内最古の唐獅子の狛犬がいる。承応三年（一六五一）作。亀岡久兵衛という石工職人を束ねる頭《かしら》が奉納した。真鶴半島産の「小松石」といわれる安山岩製で、花崗岩に比べて加工がしやすく彫り筋がシャープ。江戸初期の狛犬は尾が背中にくっついている「付き尾」が特徴。こちらの狛犬は胴体と前足の間が彫り抜かれており、江戸初期としては珍しく高度な技術が使われている。

目黒不動尊には多種多様な狛犬がおり、狛犬愛好家の聖地のような存在

ここに注目！

親犬と仔犬、それぞれの表情がステキ！

親犬の表情は慈愛に満ち、仔犬は何とも愛らしいですね。階段脇にあるので、やさしく撫でてみましょう。やさしい気持ちが伝わってきますよ。

川野先生の豆知識

独鈷の滝の脇に、和犬の石像が建っている。彫られているのは親犬と、３匹のかわいらしい仔犬。犬は子だくさんで子宝信仰があるため、このような形が作られたのだろう。わが子を慈しむ穏やかな表情をしている。

川野先生の豆知識

目黒不動尊には和犬の狛犬が多い。不動尊の土地の地主神の使いが狼であることや、近隣の大鳥神社の御祭神・日本武尊《やまとたけるのみこと》が犬に危機を救われた伝説があるためなどの理由が考えられる。山田敏春氏（日本参道狛犬研究会理事）によれば、台座に刻む奉納者「御手洗《みたらい》信七郎」は幕臣で、神田明神の神馬、牛嶋神社や王子稲荷神社の鳥居などあちこちで奉納している。

台座の裏に御手洗信七郎の名が彫られている。狛犬研究者の片岡元雄氏によると、こちらの和犬像は、前不動の和犬像と入れ替わったようで、そちらの奉納者とのこと

ここに注目！

ここに注目！

唐獅子の意匠が見事！
江戸狛犬の傑作の一つ

よく見ると、胴の部分は鉄槌で叩いた文様が施されています。上の台座には牡丹と子獅子、下の台座には和犬が彫られています。

川野先生の豆知識

天保11年（1840）作、空襲の炎を耐え抜いた戦災狛犬。尾が流れるような「流れ尾」で、更に渦巻いているのは珍しい。前足には牡丹を挟む。

川野先生の豆知識

独鈷の滝の奥（※立ち入りはできない）にも、江戸市中最古の石造狛犬と同タイプ・同時期（承応３年と銘記）の狛犬が一対ある。こちらは今のあきる野市内産の砂岩「伊奈石」製。江戸初期タイプの狛犬はここにさらにもう一対ある。

川野先生の豆知識

唐獅子牡丹の意匠は、中国由来で獅子は百獣の王、牡丹は百花の王として組み合わせるが、日本では、獅子身中の虫を獅子が牡丹に溜まった夜露を飲むことによって退治するともいう。

川野先生の豆知識

左は山門手前にあり1999年作。滋賀県大宝神社の木彫狛犬がモデル。筋肉質。尾は原型と異なり「立ち尾」。前足に付く羽のような「走り毛」は飛ぶほどの速さで走れるという意味がある。右は山門の中にあり、京都の籠《この》神社の石造狛犬がモデル。彫刻家の後藤良氏が制作したものを孫の安原喜武氏が修復し、1978年に奉納された。

ここに注目！

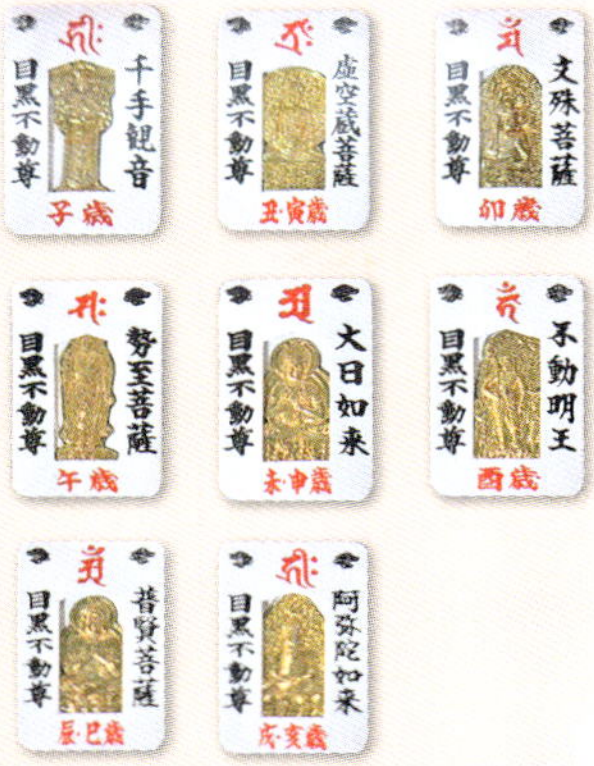

不動明王、大日如来、文殊菩薩など干支ごとの御守。500円

不動剣の御守。500円

こんな授与品も

御朱印

右上に「関東最古不動霊場」の印が押されている

恵比寿様の中におみくじが入っている

目黒不動尊

東京都目黒区下目黒 3-20-26
TEL 03-3712-7549
［参拝時間］ 9:00 ～ 17:00
［御朱印料］ 300 円
（御朱印・御守の授与 10:00 ～ 16:30）
［アクセス］ 東急目黒線不動前駅より徒歩 12 分
park6.wakwak.com/~megurofudou/

お参りのあとに

目黒駅から目黒不動尊へ向かう途中にある。川沿いはお花見の人気スポット。遊歩道になっているので、桜の季節でなくても歩いていて気持ちがいい。

目黒川

JR、地下鉄目黒駅より徒歩５分

豪徳寺

大《だい》谿《けい》山

曹洞宗

願いが叶った人々が、お礼参りの際に返納した「招き猫」が並ぶ

和尚の猫が繋いだ彦根藩との縁

招き猫の発祥ともいわれる豪徳寺は、世田谷城主・吉良政忠によって一四八〇年に創建した古刹。幕末の大老・井伊直弼《なおすけ》の墓があることでも知られている。

ある日、彦根城主の井伊直孝が鷹狩の帰りに通りかかった豪徳寺の門前で、猫が手を挙げて招くので立ち寄ったところ、雷雨を避けることができた。そして和尚の説法に感銘を受けた直孝は、後に豪徳寺を彦根藩の菩提寺とした。その猫は和尚がたいへんかわいがっていた猫で、猫の死後には「招福猫児《まねきねこ》」と称して「招猫観音」を祀る「招福殿」を置いた。現在傍らには、「招き猫」に願掛けして願いが成就した人々が返納する数多くの招き猫が並んでいる。

多くの木々に囲まれた広い境内にある本堂

ここに注目!

「ひこにゃん」のモデルにもなった招き猫。瀬戸焼の招き猫は、大小さまざまで、2つ購入して1つ持って帰る人も。購入の前後には「招福殿」でお参りをしよう。

こんな授与品も

豪徳寺の御守はこちらの2つのみ。常に身に着けたい。どちらも500円

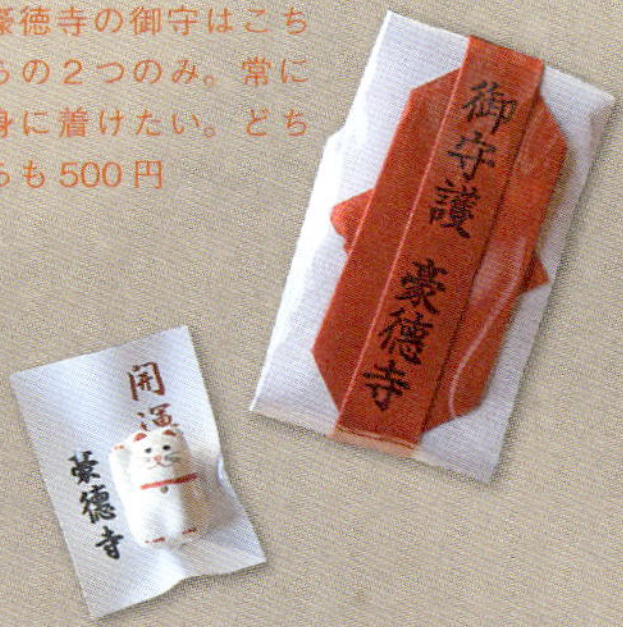

招き猫とその年の干支がデザインされた絵馬も2種類。願いを書いて「招福殿」に掛けよう。800円

御朱印

御朱印の中央には本尊の釈迦牟尼佛と記され、左上は井伊直弼の墓所があることを示す印も

豪徳寺

東京都世田谷区豪徳寺 2-24-7
TEL 03-3426-1437
[参拝時間] 6:00 ～ 18:00
※季節により変動有り
[御朱印料] 300 円
(御朱印・御守の授与 9:00 ～ 16:30)
[アクセス] 東急世田谷線宮の坂駅より徒歩 5 分

お参りのあとに

吉良氏八代二百数十年間、居城として栄え、吉良御所、世田谷御所と呼ばれた世田谷城。1590 年に廃城したが、土塁や丘、谷が残っており、当時を偲ばせる。

世田谷城址公園

東京都世田谷区豪徳寺 2-14-1

猫

阿《あ》豆《ず》佐《さ》味《み》天神社・蚕《こ》影《かげ》神社

御祭神
（阿豆佐味天神社）

少彦名命《すくなひこなのみこと》
天児屋根命《あめのこやねのみこと》

可愛らしい姿の「ただいま猫」。やさしく撫でよう

養蚕の守り神を経て猫返し神社に

かつて多摩地域では養蚕が行われていたため、阿豆佐味天神社の境内社の蚕影神社では蚕の天敵であるネズミ除けのために猫を御祭神の神使としていた。養蚕農家が周辺にいなくなった後も、願いをかけるといなくなった飼い猫が戻ってくる神社として知られるように。この御利益が特に知られるようになったのは、ジャズピアニストの山下洋輔さんの飼い猫が二度も、こちらにお参りしたことで戻ってきたことがきっかけ。山下さんはこの話をエッセイで書き、「猫返し神社」と呼んでますます知られるようになった。氏子の篤志家により二〇〇六年に奉納された石像は「ただいま猫」と名付けられている。

こちらは阿豆佐味天神社の拝殿。蚕影神社は隣に佇む

ここに注目！

「ただいま猫」の横には、愛猫が戻るようにと全国から訪れた参拝者による絵馬がかけられている。無事に戻ったお礼参りに訪れる人もいる。

こんな授与品も

猫が戻ってくるように祈願する絵馬。800円

破魔矢を持った猫の蚕影神社の御守。800円

御朱印

「砂川」はこのあたりの地名。江戸時代は養蚕が盛んな村であった

阿豆佐味天神社・蚕影神社

東京都立川市砂川町 4-1-1
TEL 042-536-3215
［参拝時間］7:00～16:00（10～3月）
6:00～16:30（4～9月）
［御朱印料］300円
（御朱印・御守の授与 10:00～12:00／13:00～15:00）
［アクセス］JR立川駅より車で15分
azusami-suitengu.net

※P126に詳細地図あり

お参りのあとに

東京ドーム約40倍の広さを誇る国営公園。広い原っぱや、数々の遊具、サイクリングロード、日本庭園など見どころに溢れ、プールやバーベキュー場もある。

昭和記念公園

東京都立川市緑町 3173
TEL 042-528-1751

猫

自《じ》性《しょう》院

西光山
自性院

真言宗豊山派

山門には大きな招き猫の石像。戦前は金属製の猫の像があったが、金属供出させられた

猫の顔を持つ猫地蔵が祀られている

平安時代、空海が日光山に参詣する道すがら、観音像を建立したのが草創といわれている。江戸時代には「猫寺」「猫地蔵」と呼ばれ親しまれていた。地蔵堂に祀られている猫地蔵は文明九年（一四七七）、「江古田ヶ原の戦」で道に迷った太田道灌の前に黒猫が現れ、自性院に招き入れて危機を救ったとする伝承に由来する。江戸時代には弥平という寿司職人が、猫面の地蔵を奉納し、猫にまつわる地蔵は二体となった。これが評判となり、地蔵尊の御利益にあずかりたいと願う人々が訪れて賑わったという。猫地蔵は秘仏であり、現在は二月三日の節分会にのみ開帳される。

住所は新宿区だが中野区や練馬区に近い閑静な住宅街の中にある

ここに注目!

右が「猫地蔵」、左が「猫面地蔵」。共に秘仏で普段は見られないが、2月3日の節分会の際のみ開帳される。

こんな授与品も

御守は毎年デザインが変わる。2月3日の節分会から始まり、数がなくなるまで（3月頃）授与される。700円

こちらの御札は10年に一度の節分会のみ授与される。1,000円

御朱印

梵字の印が押された御朱印

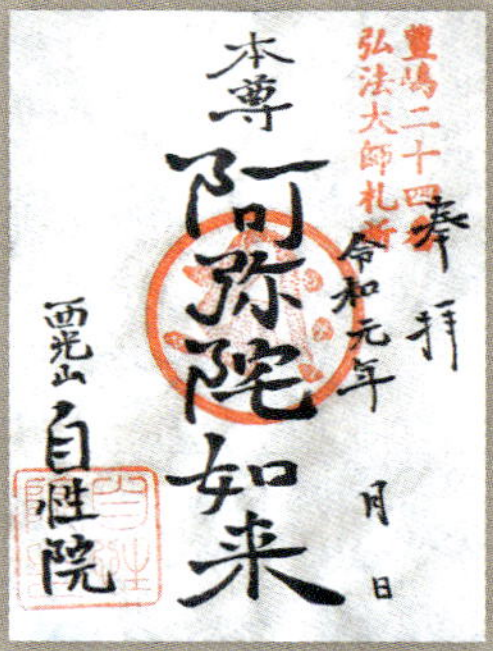

自性院

東京都新宿区西落合 1-11-23
TEL 03-3951-4927
［参拝時間］ 6：30 ～ 18：00
［御朱印料］ 300 円
（御朱印・御守の授与 9：00 ～ 15：00）
［アクセス］ 都営大江戸線
落合南長崎駅より徒歩 5 分

お参りのあとに

明治 37 年に哲学者で東洋大学の創立者、故・井上円了博士によって創設。哲学世界を視覚的に表現し、哲学や社会教育の場として整備された個性的な公園。

哲学堂公園

東京都中野区松が丘 1-34-28
TEL 03-3951-2515

象

大國魂《おおくにたま》神社

御祭神

大國魂大神

手水舎に施された様々な動物たち。本物のカラスもやってきた

奉納の由来が興味深い象の彫刻「象鼻《ぞうはな》」

動物の頭部の木彫である「木鼻」を数カ所で見ることができる。一つは手水舎のもの。明治三〇年（一八九七）作で、獅子や龍、獏や鳳凰などが彫られている。もう一つは随神門。こちらは二〇一一年に再建されたものだが、それ以前の時代に建てられた門に、象の彫刻である「象鼻」が施されている。

始まりは江戸時代中期、江戸幕府に象が寄進された際に、その象の糞から作った薬を川崎平右衛門（この地域出身でのちに名主から代官になった人物）が販売。これが疱瘡《ほうそう》・麻疹《ましん》・皮膚病に効くとして人々に買い求められたことから、平右衛門は随神門の修復を寄進したと伝えられる。

宝物殿に奉納されている象鼻（江戸時代中期）。開館は土日祝 10：00～16：00、200 円

こんな授与品も

狛犬が描かれた「縁結びペア守」(1,000円)。宝物殿にある寄木造りの狛犬は重要文化財で、鎌倉初期の仏師・運慶の作とも伝えられている

ここに注目!

現在の随神門に施されている木鼻は獏にみえる。象は耳が大きく、眼が細い。獏は耳が小さく、眼が開く。また、獏は巻毛がある。

御朱印

武蔵国の守り神として「武蔵総社」と称される

大國魂神社の「すもも祭」はカラスの厄除け団扇が人気。それにちなんで御守にもカラスの図案が。500円

大國魂神社

東京都府中市宮町 3-1
TEL 042-362-2130
[参拝時間] 6:00 ～ 18:00
(9/15 ～ 3/31 は 6:30 ～ 17:00)
[御朱印料] 300 円
(御朱印・御守の授与 9:00 ～ 17:00)
[アクセス] 京王線府中駅より
徒歩 5 分
https://www.ookunitamajinja.or.jp

お参りのあとに

博物館本館に常設展示室とプラネタリウム、園内に8棟の復元建築物がある。常設展示室では府中の歴史・民俗・自然をテーマとした様々な資料を展示。

府中市郷土の森博物館

東京都府中市南町 6-32
TEL 042-368-7921

馬

靖國神社

明治期以降、数多くの軍馬が戦地へ赴き、そのほとんどが日本へ戻ることはなかった

戦争で命を落とした軍馬を慰霊

靖國神社は戊辰戦争や西南戦争、そして日清戦争をはじめとする数々の戦争で国のために命を捧げた人々の霊を慰め、その事績を後世に伝えるために創建された。軍人のほか文官や民間人など身分・勲功・男女の区別なく祀られている。終戦記念日には多くの人が参拝に訪れる祈りの空間だ。

境内の一画に、戦場で斃《たお》れた馬の霊を慰めるために建てられた「戦没馬慰霊像」が佇む。実物大の軍馬の銅像で、生涯にわたり数多くの馬像を手掛けた彫刻家・伊藤國男が制作したもの。元騎兵隊関係者を中心に広範な賛同を得て、昭和三三年に建立された。現在も毎年四月の第一日曜日に慰霊祭が執り行われる。

明治２年に「招魂社」として創建され、明治12年に「靖國神社」と改称された

御祭神

二四六万余柱

「戦没馬慰霊像」の隣には、同じく戦地で通信に大きな役割を果たした伝書鳩や、様々な軍務を果たした軍犬の慰霊像がある。こちらにも手を合わせたい。

ここに注目！

こんな授与品も

やすくに守。縦 7.5cm 横 4.8cm。国家安泰・家内安全を祈願した御守。薄型で携行しやすいカード型。1,000 円

御守（大）縦 8.0cm 横 4.5cm。社紋が織り込まれた身体健全の御守。1,000 円

御朱印

「みたままつり」などの大きな祭典時には右下に季節限定の印が押されることも。300 円

靖國神社

東京都千代田区九段北 3-1-1
TEL 03-3261-8326
［参拝時間］6：00 ～ 18：00
（11 ～ 2 月は～ 17：00）
［御朱印料］300 円
（御朱印・御守の授与 8：00 ～閉門）
［アクセス］地下鉄九段下駅より徒歩 5 分
yasukuni.or.jp

お参りのあとに

明治 15 年に開館した遊就館には、御祭神の遺書・遺品をはじめ、零戦などの貴重な史資料、美術品などが展示されている。

遊就館《ゆうしゅうかん》

東京都千代田区九段北 3-1-1
TEL 03-3261-8326

馬

神田神社（神田明神）

御祭神

大己貴命《おおなむちのみこと》

少彦名命《すくなひこなのみこと》

平将門命《たいらのまさかどのみこと》

随神門裏のガラスの中に奉納されている木彫りの神馬

神田明神の御祭神 将門と馬のゆかり

随神門の神馬《しんめ》は門の再建と同じ時期、昭和五〇年頃に当時の氏子総代より奉納された。元々神社には神馬の像が奉納されることが多いが、神田明神は特に馬とのゆかりが深いことも、奉納の理由と考えられる。

神田明神が御祭神として祀る平将門には、馬にまつわる逸話が多い。千代田区大手町付近にあった安房《あわ》神社（現在の将門塚）に馬を奉納した話や、茨城県北相馬郡に禅福寺を創建し、ここに絵馬を捧げて戦ったところ勝利を得た話などが残されている。また、荒馬を繋ぎとめた形の「繋ぎ馬」の紋が平将門の紋と言われ、その子孫を称する相馬氏が陣幕や家紋に使用している。

拝殿から見た随神門

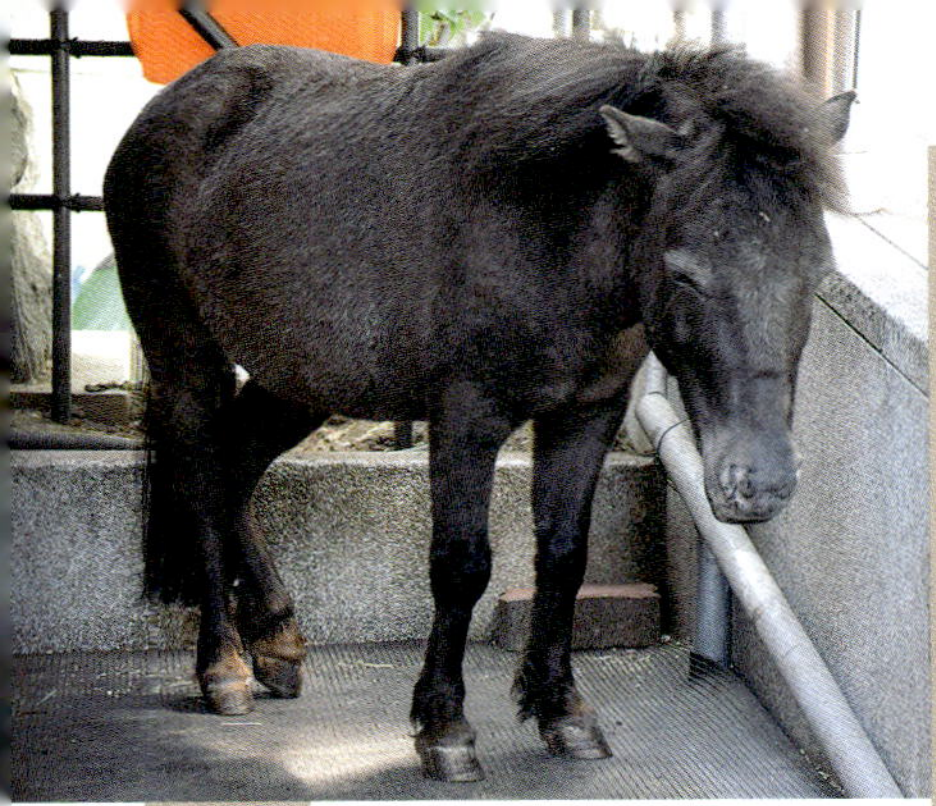

境内の一画に神馬「神幸号」、愛称・明（あかり）ちゃんがいる。平成22年長野県の佐久高原で生まれたポニーで、「あし毛」といわれ歳をとるごとに白毛が増えて白馬になるという。

ここに注目!

こんな授与品も

商売繁盛・招福の「福馬守」（左）と、勝運・除災招福を祈願する「除災招福御守」（右）。各800円

「神馬あかり交通安全守」。小さなぬいぐるみになっていて、子どもに人気。1,000円

御朱印

2枚セットで授与される。神田明神の拝殿の写真と「江戸総鎮守」の文字

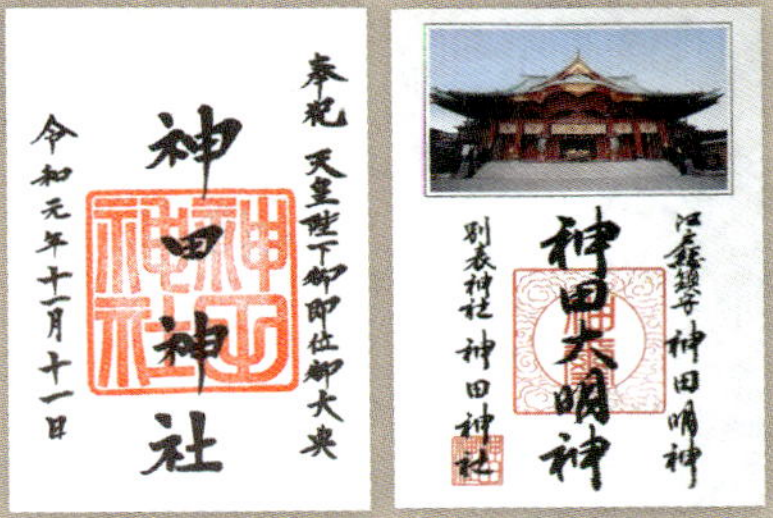

神田神社（神田明神）

東京都千代田区外神田 2-16-2
TEL 03-3254-0753
［参拝時間］24時間
［御朱印料］300円
（御朱印・御守の授与 9:00～18:00頃）
［アクセス］JR・地下鉄御茶ノ水駅、地下鉄末広町駅より徒歩5分
kandamyoujin.or.jp

お参りのあとに

隣接する宮本公園内には、江戸時代より続く材木商の遠藤家の住宅が移築されている。銘木や良材がふんだんに用いられた建物で、千代田区有形文化財指定。

神田の家「井政」 将門塚保存会会長旧宅

東京都千代田区外神田 2-16
TEL 03-3255-3565

狐

王子稲荷神社

御祭神

宇迦之御魂神《うかのみたまのかみ》

宇気母智之神《うけもちのかみ》
和久産巣日神《わくむすびのかみ》

近年は、大晦日に狐の仮装行列が行われる王子稲荷神社。本殿脇を抜けた先にも大小の狐像が

狐の像が出迎える関東稲荷神社の総司

創建は今から約千年前。御祭神である宇迦之御魂神（稲荷大明神）は衣食住を司る産業振興の神とされ、源氏・北条氏・江戸幕府歴代将軍からも厚く崇敬された。

落語『王子の狐』にも題材とされたように、王子と狐は切っても切れない関係。江戸時代以前より、庶民の間ではこんな伝説がささやかれた。大晦日の晩、関東中から集まった狐たちが神社近くの榎の大木に集い、装束を整え、王子稲荷神社に詣でたという。現在、王子稲荷の参道では、様々な狐の像が参拝者を迎えている。稲荷神が午の日に伏見稲荷大社に鎮座したことから、こちらでも二月の初午の日には縁日が開かれ、二万人以上の人々が訪れている。

参道の階段を上った先にある本殿

ここに注目!

右は明和元年（1764）、石工上総屋治助の制作

こんな授与品も

かわいらしい狐の姿が描かれた「わらべ身守り」は、子どもだけでなく大人にも人気（800円）

「願掛け狐」（500円）に願いを書いて奉納しよう

絵馬にも狐が。上は広重の浮世絵を、下は社宝の絵画「茨木」（柴田是真・画）をモチーフにしたもの

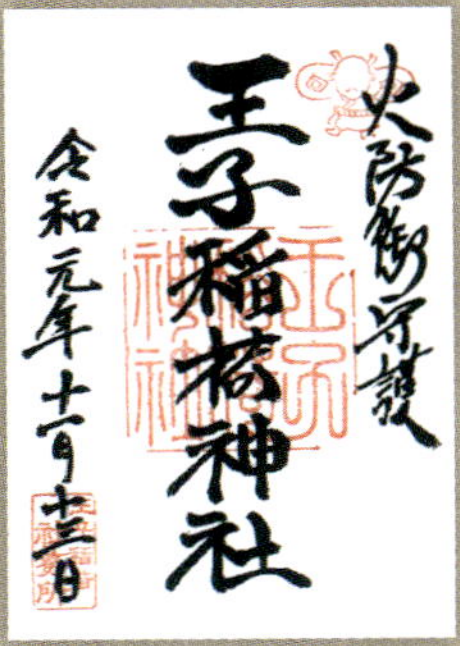

御朱印

2月の初午の縁日では凧市が開かれる。火事の際に延焼被害をもたらす風を切って昇ることから凧は火除けの守りとされ、御朱印にも凧の印が押される

王子稲荷神社

東京都北区岸町 1-12-26
TEL 03-3907-3032
［参拝時間］6：00 ～ 17：00
［御朱印料］500 円
（御朱印・御守の授与 9：00 ～ 12：00、13：00 ～ 16：00）
［アクセス］JR、地下鉄王子駅より徒歩 8 分

お参りのあとに

江戸時代から桜の名所として知られる飛鳥山。標高は 25.4m。木々に囲まれた遊歩道を行くも良し、モノレールで登るも良し（写真は「北とぴあ」から見た飛鳥山）。

飛鳥山

JR・地下鉄王子駅すぐ

猿

日枝神社

山の神の使いとなった猿は「神猿《まさる》」と呼ばれる。石像を撫でて手を合わせる参拝者の姿も

御祭神

大山咋神《おおやまくいのかみ》

山の神の使い 猿の像が境内に

太田道灌や徳川将軍家から崇敬され、「皇城の鎮《しずめ》」として鎮座してきた由緒ある神社。主祭神は「大山咋《おおやまくい》神《のかみ》」という山の神（山王）で、山から流れた水が、野山や田畑を潤し、海に栄養を運ぶことから、農林漁業など様々な産業発展の神とされている。また、猿は日枝神社の神の使いと言われており、多産でもあることから子授け、安産、縁結びの神としても信仰されている。

日枝神社では神門の左右や社殿脇に猿の像が置かれている。社殿脇の夫婦の猿の石像は昭和二八年に石工の中村勝五郎が制作・納入したもので、烏帽子を被った雄、子を抱く雌が対になっている。

高台にあるため、都心にありながら境内には広い空が広がる

こんな
授与品も

日枝神社の末社・山王稲荷神社に奉納する「御眷属奉納」。願い事を書き込む。900円

ここに
注目!

母猿は子を抱いている。子連れの夫婦像は、夫婦円満、子授け、安産、子育てのご利益を表している。

「神猿（まさる）」とは「魔が去る」「勝る」として、魔除けのご利益があるとされている。まさる守（大）600円、（小）500円

御朱印

神紋である「双葉葵」の印が押されている

日枝神社

東京都千代田区永田町 2-10-5
TEL 03-3581-2471
［参拝時間］6：00 ～ 17：00
（4 ～ 9 月は 5：00 ～ 18：00）
［御朱印料］500 円
（御朱印・御守の授与 9：00 ～ 16：00）
［アクセス］地下鉄赤坂駅より
徒歩 3 分
hiejinja.net

お参りのあとに

日枝神社のある永田町は、言わずと知れた日本の政治の中枢機関が集まるところ。国会議事堂、憲政記念館、国立国会図書館など見学や入館ができるところもある。

永田町

東京都千代田区永田町

狸

浅草寺

金龍山

聖観音宗

拝殿から柵越しに本殿の狸が見える。招き猫のようなポーズ

火災から伝法院を守護「おたぬきさま」

鎮護堂は浅草寺の堂宇の一つで、本堂がある境内からではなく、伝法院通りから入る。「おたぬきさま」の愛称で呼ばれおり、その由来は次の通り。昔、上野の山や浅草の奥山に狸が棲んでいたが、彰義隊の戦争や奥山の開発が進み、居場所がなくなって浅草寺の伝法院辺りに棲みつくようになった。狸らはいたずらをして浅草寺を困らせていたが、当時の住職の夢枕に狸が立ち、「我らのために祠を建てれば、伝法院を火災から守りましょう」とお告げをした。そこで明治十六年（一八八三）に鎮護堂を創建。その御利益なのか、伝法院は関東大震災も第二次世界大戦の空襲からも免れた。

拝殿は明治 16 年の建立当時のもの

ここに注目！

本殿正面の他、その周りや拝殿の脇などにたくさんの狸像が置かれている。「狸」＝「他を抜く」という語呂から、落語家や歌舞伎役者など芸能関係者の信仰が篤い。

こんな授与品も

雷門の提灯を象った合格祈願の御守。浅草寺らしい御守だ。本堂および参道で授与。1,000円

鎮護堂で授与されている「お狸さま」。1,500円

御朱印

東京で「観音様」といえば浅草寺を指すほどに、浅草寺の本尊・聖観世音は有名。影《よう》向堂《こうどう》で授与

浅草寺

東京都台東区浅草 2-3-1
TEL 03-3842-0181
［参拝時間］6：00 ～ 17：00
（10 ～ 3 月は 6：30 ～）
［御朱印料］300 円
（御朱印・御守の授与 8：00 ～ 17：00）
［アクセス］地下鉄・東武浅草駅より徒歩 5 分
senso-ji.jp

お参りのあとに

仲見世通りと直角に交わる「伝法院通り」は、江戸情緒あふれる商店街。屋根の上に置かれた歌舞伎「白浪五人男」や「鼠小僧」の人形を見つけてみよう。

伝法院通り

伝法院・鎮護堂前

今戸《いまど》神社

拝殿正面。この日は野良猫のナミちゃんが昼寝中

御祭神

應神天皇《おうじんてんのう》
伊弉諾尊《いざなぎのみこと》
伊弉冉尊《いざなみのみこと》
福禄寿《ふくろくじゅ》

今戸焼ゆかりの地で招き猫の伝承

康平六年（一〇六三）、京都の石清水八幡を勧請し、今戸八幡を創建したのが始まり。境内のいたるところに大小の招き猫が置かれている。言い伝えによると、江戸時代末期、このあたりに住んでいたあるおばあさんが貧しさから泣く泣く愛猫を手放したところ、夢枕にその猫が立って「自分の姿を人形にしたら福が来る」と言ったという。そこでおばあさんはその猫の姿の人形を今戸焼（十六世紀からこの地で焼かれていた焼き物）にして売ったところ、たちまち評判になったとのこと。近年では縁結びが成就するといわれ、女性の参拝者が絶えない。

参拝者の行列が連なることもしばしば

ここに注目!

こちらは拝殿横の「石なで猫」。心を込めて撫でた後、写真を撮って携帯電話の待ち受け画面にし、毎日祈ると願い事を叶えてくれると評判に。

こんな授与品も

縁結御守。角が立たぬよう、丸く円満に物事がおさまるようにという意味を込めて丸い形をしている。800円

えんむすび絵馬（祈願用）。神様へお願いする時の絵馬。700円。なお、願いが成就した時に神様へお礼をする「成就絵馬」もある

御朱印

招き猫や、浅草名所七福神めぐりの一つ「福禄寿」の絵の印が押されている

今戸神社

東京都台東区今戸 1-5-22
TEL 03-3872-2703
［参拝時間］24 時間
［御朱印料］300 円
（御朱印・御守の授与 9：00 ～ 17：00）
［アクセス］地下鉄・東武浅草駅より徒歩 15 分
imadojinja1063.crayonsite.net

お参りのあとに

今戸神社から東へ進むと、隅田川に出る。川のほとりは公園になっていて、東京スカイツリーが川向こうにそびえ立つ。春は花見、夏は花火で賑わう。

隅田公園

東京都台東区花川戸 1-1
TEL 03-5246-1321

牛

牛嶋神社

やさしい表情の「撫で牛」。撫でられて、表面が滑らかになっている

スカイツリーのお膝元 牛を撫でて健康に

本所総鎮守の社として知られる牛嶋神社。貞観年間（八五九〜八七七）の頃、慈覚大師が須佐之男命の権現である翁に会い、「師わがために一宇の社を建立せよ。もし国土に騒乱あらば、首に牛頭を戴き、悪魔降伏の形相を現わし、天下安全の守護たらん」との託宣を受け建立したことから、「牛御前社」と呼ばれて崇敬された。

境内には、阿吽の石牛や「撫で牛」など、牛の像が点在している。特に撫で牛は、自分の体の悪い部分と同じ部分を撫でると病気やケガが快癒すると言われ、ほとんどの参拝者が必ず立ち寄るスポットとなっている。

牛嶋神社の鳥居は、全国的にも珍しい三輪鳥居。鳥居の両脇に小さな鳥居が連なっている

御祭神

須佐之男命《すさのおのみこと》

天之穂日命《あめのほひのみこと》
貞辰親王命《さだときしんのうのみこと》

ここに
注目!

社殿の左右に配された
石牛。精悍な姿だ。

こんな
授与品も

撫で牛をモチーフ
にした小さな御
守。「牛のお守り
根付」500 円

牛嶋神社の特徴で
もある三輪鳥居に
牛が描かれた絵馬
500 円

境内からも見える東京ス
カイツリーをデザインし
た「スカイツリークリス
タル根付」700 円

牛嶋神社

東京都墨田区向島 1-4-5
TEL 03-3622-0973
[参拝時間] 24 時間
[御朱印料] 300 円
(御朱印・御守の授与 9:00 ～ 16:00)
[アクセス] 地下鉄本所吾妻橋駅
より徒歩 15 分

お参りのあとに

隅田川の両岸に広がる隅田公園は、桜の名所としても知られる散策スポット。のんびりと散策した後は橋を渡って、浅草を楽しむのも良いだろう。

隅田公園

東京都墨田区向島 1-2-5

羊

玉川大師

寶泉山
玉眞院

真言宗

羊の像が向かい合って静かに佇む。こちらは向かって右の羊。訪れた際になでてみよう

人間の煩悩を戒める羊の像

　昭和の初めに初代住職の夢枕に立つ弘法大師が「四国へ行けない人のために関東に修行道場を建立しなさい」とのお告げをしたことによって作られた地下霊場。そこには八十八か所の霊場の本尊など、約三〇〇体の仏像が祀られ、東京に居ながらお遍路のご利益を受けられることで知られている。

　その玉川大師の本殿に向かって右方面に、二体の羊の石像がある。弘法大師が人間の心の発展を十段階に分けた「十住心論」。その中の「異生羝羊心《いしょうていようしん》」の教えで、煩悩にまみれた心を羊に例えて戒めた。こちらの石像はそれに因んで四代目の住職眞保龍峯和尚が、平成元年頃に置いたものだ。

厳かな雰囲気の地下霊場も訪れてみよう

心願成就・健康御守 600 円。合掌を開くと弘法大師が現れる

ここに注目！

こちらは、向かって左にある可愛らしい表情の羊。中国に渡った弘法大師が目にした羊は、姿は可愛らしいものの丸々と太り、草を永遠に食べ続ける。その姿を人間の欲望、煩悩に例えた。

こんな授与品も

弘法大師のお守り 500 円。常に弘法大師とともにあるという意味を示す「同行二人」。常に身につけたい

御朱印

御朱印には本尊遍照金剛殿秘佛の御身絵を貼ってくれる。真ん中の印は羯《かつ》磨《ま》（仏具）をイメージした寺紋

玉川大師

東京都世田谷区瀬田 4-13-3
TEL 03-3700-2561
[参拝時間] 9：00 ～ 16：30
[御朱印料] 300 円
（御朱印・御守の授与 9：00 ～ 16：30）
[アクセス] 東急田園都市線
二子玉川駅より徒歩 10 分

お参りのあとに

多摩川沿いにあるこちらは、近隣住民の憩いの場。木々に囲まれた丘や芝生、人工の池（ひょうたん池）や小川が流れ、休日にはたくさんの人で賑わう。

兵庫島公園

東京都世田谷区玉川 3-2-1

馬

回向院《えこういん》

諸宗山
無縁寺回向院

浄土宗

穏やかな顔をしている馬頭観世音菩薩

人や動物に関わらず全ての命を供養

回向院は一六五七年の「明暦の大火」によって身元や身寄りのわからない無縁の人々を葬るために建てられた。追悼法要を行うようにと命じたのは四代将軍・徳川家綱。以来、有縁・無縁、また人・動物に関わらず、生あるもの全てを供養してきた。

馬頭観世音菩薩像は家綱の愛馬を供養をするために当時の住職がお堂を建て、自らが鑿《のみ》をとって彫刻したもの。お詣りすれば熱病や天然痘にかからぬといわれ、やがて諸病平癒の霊験顕《あらた》かな観音様として人々の厚い信仰を集めてきた。太平洋戦争による空襲で焼失し、現在のものは先代住職が覚えている限りの姿を復元したという。

行き倒れ、海難事故や大地震の犠牲者、動物などあらゆる霊を弔う

猫の金運守。猫をかわいがっていた魚屋が病気で困窮したところ、猫が小判をくわえてきて長年の恩に報いたという伝説から、境内には猫塚が建てられている。500 円

ここに注目！

馬頭観世音菩薩堂（写真奥）は現在、ペットの供養塔となっており、周囲には犬や猫の像の線香立て（写真手前）が置かれている。他にも小鳥やオットセイなど動物の供養塔がある。

こんな授与品も

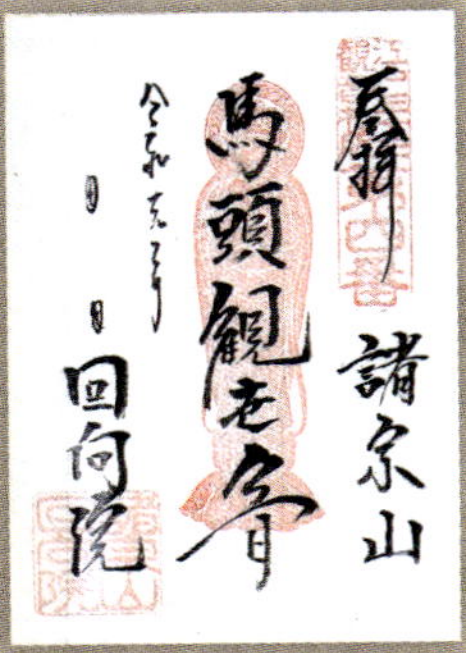

御朱印

数種類ある御朱印のうち、こちらは馬頭観世音のもの

駆馬《かけうま》の勝運守。500 円

回向院

東京都墨田区両国 2-8-10
TEL 03-3634-7776
［参拝時間］ 9：00 ～ 17：00
［御朱印料］ 300 円
（御朱印・御守の授与 9：00 ～ 16：30）
［アクセス］ JR 両国駅より徒歩 3 分
ekoin.or.jp

お参りのあとに

常設展では徳川家康が江戸に入府してから約 400 年間を中心に、江戸東京の歴史と文化を実物資料や復元模型等を用いて紹介している。特別展や講座なども開催。

江戸東京博物館

東京都墨田区横網 1-4-1
TEL 03-3626-9974（代表）

犬

水天宮

御祭神

天御中主大神《あめのみなかぬしのおおかみ》

母犬の愛が伝わってくるような「子宝いぬ」

境内を優しく見つめる母犬の像

文政元年（一八一八）、久留米藩九代藩主・有馬頼徳によって国許の久留米より江戸・三田に分祀されたことに端を発する「水天宮」。社殿の鈴の緒を腹帯として用いたところ、とても楽なお産ができたことが人伝に広がり、安産の御利益を持つ神社として一躍有名に。現在も安産や子どもの健やかな成長を願う人々が日々お参りに訪れている。

そんな水天宮の境内には、お産が軽く多産で知られる犬の像「子宝いぬ」が。周囲をぐるりと十二支を表す漢字が囲み、自分の干支を撫でることで、安産・子授け・健やかな成長などの御利益を得られるといわれている。

親子連れで常に賑わう境内

ここに注目!

参拝者に撫でられ地の色が見えている「親子いぬ」。子犬が遊ぶ鈴の造形も見事に造られている。

こんな授与品も

可愛らしい犬の置き物。「竹かんむり」と「犬」で「笑」となることから、笑門来福の意味が込められている

絵馬は３種類。赤色は戌の日限定で登場

御朱印

数種類ある御朱印の１つ。こちらは犬がデザインされたもの

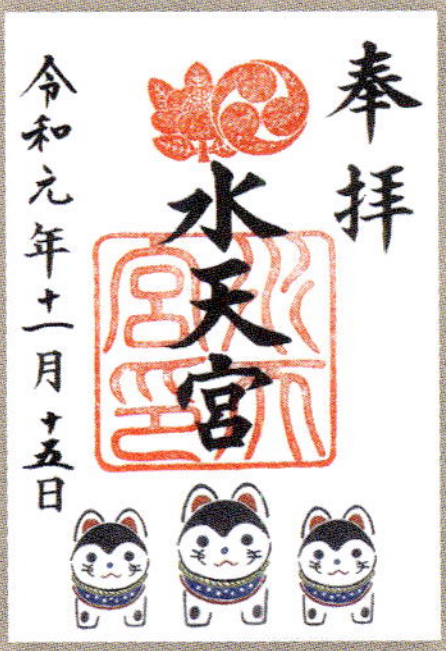

水天宮

東京都中央区日本橋蠣殻町 2-4-1
[参拝時間] 7:00 ～ 18:00
〈御朱印・御守の授与 8:00 ～ 17:00〉
[アクセス] 地下鉄水天宮前駅より徒歩１分
suitengu.or.jp

お参りのあとに

和菓子屋、呉服屋をはじめ、昔ながらの店が軒を連ねる甘酒横丁は、ドラマの舞台となった事でも知られる。参拝の後はそぞろ歩きを楽しむのがおすすめ。

甘酒横丁

東京都中央区日本橋人形町 2-4 付近

獅子

波除《なみよけ》神社

木彫一木造の獅子頭。素材や条約などの関係上、二度と作れないものだという

見る者を惹きつける日本一大きな獅子頭

今から三五〇年程前、一面の海であった築地一帯を埋め立てようとしたところ、堤防を築く度に激しい波にさらわれ、一向に工事が捗《はかど》らなかった。万治二年（一六五九）のある夜の事、光を放って海面を漂う稲荷大神の御神体を発見した人々が、早速社殿を造り祀ったところ、波風が収まり無事埋め立てを行うことができた。

人々は「波除稲荷」と呼んで崇敬し、雲を従える龍、風を従える虎、一声で万物を威伏させる獅子の巨大な頭が奉納される。境内には日本一大きな獅子頭が雄雌一対で鎮座している。江戸時代に焼失し、現在の物は平成二年と平成十四年に再興したもの。

災難を除き、波を乗り切る神様として、災難除・商売繁盛・工事安全等の御利益がある。境内には卵・活魚など食材の供養塚も

御祭神

倉稲魂命《うかのみたまのみこと》

毎年６月に開催する「つきじ獅子祭」では、雌雄二体の獅子頭が町内を勇壮に練り歩く。

こんな授与品も

獅子頭の置き物は大きさの違う三種を用意。写真は「中」2,500 円

ここに注目!

神木の銀杏の葉がデザインされた「銀杏柄御守」、波除神社ならではの「波柄御守」（各 800 円）

御朱印

波除神社のシンボルでもある獅子頭がデザインされた御朱印

波除神社

東京都中央区築地 6-20-37
TEL 03-3541-8451
[参拝時間] 24 時間
(社務所・本殿扉は 9:00 ～ 17:00)
[御朱印料] 300 円
(御朱印・御守の授与 9:00 ～ 17:00)
[アクセス] 地下鉄築地市場駅より徒歩５分
www.namiyoke.or.jp

お参りのあとに

市場が豊洲に移転した今なお活気あふれる、人気の観光地「築地場外市場」。海鮮料理をはじめとする飲食店や板前御用達の調理道具店などが軒を連ねる。

築地場外市場

地下鉄築地駅・築地市場駅より徒歩１分

獅子

三《み》囲《めぐり》神社

参道沿いに鎮座するライオン。三囲神社の新しいシンボルとして愛されている

三越のライオン像が参拝者を迎える

弘法大師が祀った田中稲荷が起源と伝わる三囲神社。室町時代初期の文和年間（一三五二〜一三五六）、近江・三井寺の僧である源慶が社を改築した際に、白狐にまたがる翁の像を発見した。すると、突如現れた白狐がその像の周りを三度周って消えたことから、「三囲」の名が付いたという。境内には、一対の狐の像を見ることができる。

拝殿前には目じりの垂れたユニークな表情の狐像もある

また、参拝者の多くが興味深げに眺めていくのが、平成二一年に三越百貨店が奉納した、旧三越池袋店のライオン像。三井家は江戸進出時に、「三囲」という文字の中に「三井」が入り、しかも「井」が□で囲われていることから、三井家の守り神として崇敬した縁による。

御祭神

宇迦御魂之命《うかのみたまのかみ》

ライオン像の台座には、「奉納 株式会社三越」の文字が彫られている。

ここに注目!

御守を求めて参拝する人も多い。金運向上の御利益のある「金銀富貴御守」(400 円)

こんな授与品も

「強運《ごううん》御守」400 円。「田中神社」と呼ばれた江戸時代より、強運の加護で知られ、戦争の弾よけの逸話も数多く残る三囲神社。肌身離さず身に付けたい

御朱印

隅田川七福神のうち、恵比寿神と大黒天を祀る。そのため「恵比寿」「大こく」の印が押される

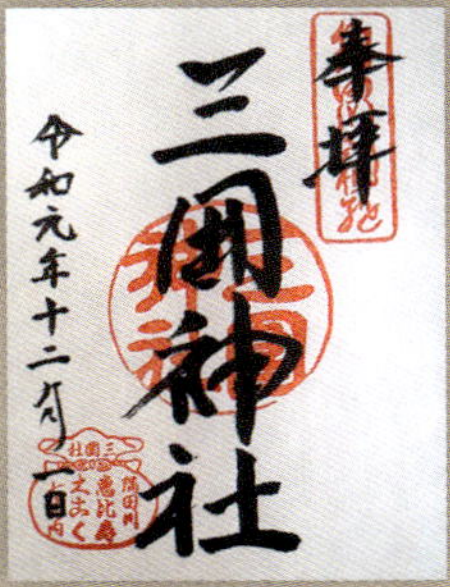

三囲神社

東京都墨田区向島 2-5-17
TEL 03-3622-2672
[参拝時間] 9:00 ～ 16:30
[御朱印料] 500 円
(御朱印・御守の授与 9:00 ～ 16:30)
[アクセス] 東武線とうきょうスカイツリー駅より徒歩 15 分

お参りのあとに

享保 2 年(1717)創業。長命寺の寺男であった初代が、墨堤の桜の葉で桜餅を考案したのが始まり。300 年受け継がれる味で一服しよう。

長命寺桜もち

東京都墨田区向島 5-1-14
TEL 03-3622-3266

鷽《うそ》

亀戸天神社

御祭神

天満大神《てんまんおおかみ》
天菩日命《あめのほひのみこと》

本殿の近くに建つ「うその碑」。うそ替え神事が行われる両日は、多くの人で賑わう

凶事を嘘に変える吉鳥「うそ」にあやかる

学問の神様・菅原道真を祀る亀戸天神社で出合えるのは、幸運を招く鳥・うそ。スズメ科の鳥で、太宰府天満宮の祭礼の際に害虫を駆除したと伝わる。また、うそは漢字で書くと「鷽《うそ》」。この字が學《がく》の字に似ていることからも、学問の神様を祀る天神社と深い繋がりを持つと考えられている。

江戸時代には、木で作られた〝うそ鳥〟を交換する習わしがあったが、現在は神社で毎年新しいうそ鳥と取替えるように。亀戸天神社でも、毎年一月二四・二五日に「うそ替え神事」が行われている。古いうそ鳥を納めることで凶事が嘘になり、新たな年に幸運を得ることができると信仰されている。

創建は寛文２年(1662)。太鼓橋は浮世絵にも多く描かれ、「東国天満宮の宗社」として崇敬された

ここに注目!

昭和15年9月の紀元2600年記念に奉納された「うその碑」。台座には、縁起が記されている。

こんな授与品も

うそ替え神事の二日間限定で授与される木彫りのうそ。神職が一体一体檜を彫って作る。(500～7,000円)

「幸運鷽まもり」。こちらの御守は一年を通じて授与されている。(700円)

御朱印

印にある「東宰府」とは、九州の太宰府天満宮に対する"東の宰府"との意味。

亀戸天神社

東京都江東区亀戸3-6-1
TEL 03-3681-0010
[参拝時間] 8:30～17:00
[御朱印料] 300円
(御朱印・御守の授与8:30～17:00)
[アクセス] JR亀戸駅より徒歩15分
kameidotenjin.or.jp

お参りのあとに

文化2年(1805)の創業当時から亀戸天神社の参道で参拝客を迎えてきた船橋屋。名物の「くず餅」は芥川龍之介をはじめ、文豪や著名人も愛した味わい。

船橋屋 亀戸天神前本店

東京都江東区亀戸3-2-14
TEL 03-3681-2784

羊

善養密寺

真言宗智山派

真言宗

山門に向かって右に置かれた羊。左右向かい合って佇む

弘法大師の異生羝羊心《いしょうていようしん》の教え

江戸時代初期よりこの地に建つとされる善養密寺には、様々な石像が並ぶ。現長老の眞保龍敞《りゅうしょう》さんが中国北京市の「明の十三陵」を訪れた際に、陵墓群の参道に置かれた石人石獣を見て感銘を受け、「日本でも再現したい」と考えた。それから日本全国にある石像を探し求め、三〇年を要して置いたものだ。善養密寺参道入口にある羊の像は、中国や朝鮮半島の墓所の参道の左右に置く石羊だが、弘法大師が人間の心の発展を十段階に分けた「十住心論」の一番初めの教え「異生羝羊心（※）」に因んだ羊でもある。二・五tもあるという羊の像は、高台に左右一対で置かれている。

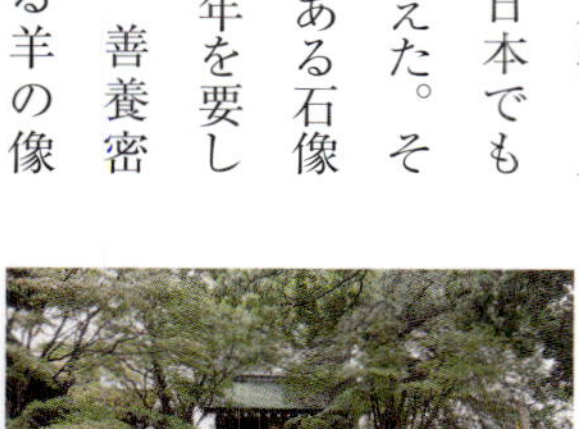

山門の前の獬豸《へち》（朝鮮語）。中国の一角獣が朝鮮半島で独自の霊獣となった。寺院では煩悩の火を鎮めるといわれている

※本能と欲望の命ずるままに生きる動物的な心

山門向かって左の羊。李氏朝鮮に伝わったこちらの像は、一度はアメリカに渡り、その後、滋賀県の琵琶湖のほとりに流れ着き、眞保さんによってこちらに安置された。

こんな授与品も

色鮮やかな交通安全のステッカー 300円

ここに注目!

火除けの御札 300円

御朱印

本尊・大日如来を示す梵字「アーク」に続き、大日如来と記されている

善養密寺

東京都世田谷区野毛 2-7-11
TEL 03- 3704-0643
[参拝時間] 9:00 ～ 16:00
[御朱印料] 300円
(御朱印・御守の授与 9:00 ～ 16:00)
[アクセス] 東急大井町線
等々力駅より徒歩約 15 分

お参りのあとに

善養密寺から徒歩 7、8 分、多摩川に向かう谷沢川の流れに沿う散策路を歩いてみよう。木々が生い茂る自然豊かな道が、都会の喧騒を忘れさせてくれる。

等々力渓谷遊歩道

東京都世田谷区等々力 1-22

阿形《あぎょう》、吽形《うんぎょう》の対になって本堂を護る

虎

善國寺

鎮護山

日蓮宗

毘沙門天《びしゃもんてん》の神使 虎の石像が護る

天正十八年（一五九〇）、徳川家康が江戸城に居を移した際、日惺《にっせい》上人は毘沙門天像を前に天下泰平の祈祷を行った。それを伝え聞いた家康は、日本橋馬喰町に寺地を与え、「鎮護山・善國寺」の山・寺号額をしたためて贈る。こうして毘沙門天を奉安する善國寺が誕生した。のちに幾度かの移転を経て神楽坂に移る。

毘沙門天は寅の年・寅の月・寅の日・寅の刻にこの世に出現したといわれることから、虎は毘沙門天の神使として考えられている。

善國寺の石像の虎は嘉永元年（一八四八）奉納と伝えられ、寄進した周辺住民の名が刻まれているが、戦災による損傷が激しく判読が難しい。

「毘沙門様」は神楽坂のランドマーク的存在

台座正面に虎の浮彫が。躍動感のある姿をしている。阿形、吽形それぞれ意匠が異なっているので、両方見てみよう。石工は原町の平田四郎右衛門と横寺町の柳沼長右衛門。

ここに
注目!

こんな
授与品も

「ひめ小判守」1,000円。百足（ムカデ）も毘沙門の神使とされる。たくさんの足で福を掻き込む縁起の良い虫と考えられた

首が動いて可愛らしい
「張子寅」1,200円

御朱印

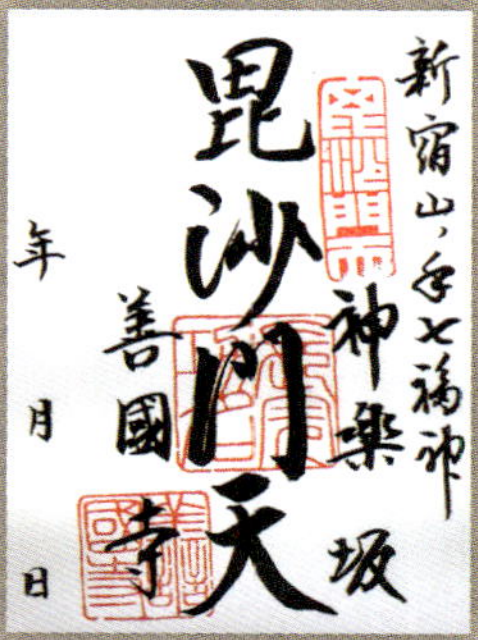

「新宿山ノ手七福神」と書かれている。七福神巡りも楽しいだろう

善國寺

東京都新宿区神楽坂5-36
TEL 03-3269-0641
［参拝時間］6：00～19：00
［御朱印料］500円
（御朱印・御守の授与9：00～17：00）
［アクセス］地下鉄飯田橋駅より
徒歩5分
kagurazaka-bishamonten.com

お参りのあとに

善國寺の前は並木の緑が目にまぶしい、活気あふれる商店街。横丁に入れば、石畳と粋な黒塀が続く情緒あふれるエリア。洒落たレストランも点在する。

神楽坂

飯田橋駅、神楽坂駅すぐ

狛犬

浅草神社

御祭神

土師真中知命《はじのまつちのみこと》

檜前浜成命《ひのくまのはなまりのみこと》
檜前竹成命《ひのくまのたけなりのみこと》

浅草寺二天門側に建つ夫婦の狛犬。大きさが少し違うので見比べてみよう

夫婦和合を表す一対の狛犬

推古天皇三六年（六二八）、漁師の檜前浜成・竹成の兄弟の網にかかった観音像を、郷土の文化人・土師真中知が祠を建てて祀った。これが浅草寺の起源であり、檜前兄弟と土師真中知の三人を郷土神として祀ったのが浅草神社のはじまり。正確な創建年代は不明だが、平安末期から鎌倉初期以降と推察される。

夫婦狛犬は日本橋室町の「鈴木吉●●」（判読不能）の奉納と刻まれている。体はやや小型で素朴な形をしており、彫りも浅い。首は曲げずに正面を向いている。頭にははめ込み式の宝珠と角が付いていたが、残念ながら失われている。江戸初期に造られた貴重な狛犬だ。

写真の石造狛犬は江戸市中では巨大な狛犬で、天保7年（1836）奉納。拝殿前にはブロンズ狛犬もある

ここに
注目！

後ろに回ってみると、たてがみや尾の優美な彫りを見ることができる。狛犬を並べて夫婦に見立て、番傘を差した。夫婦和合、良縁の願いを込めて祀っている。

こんな
授与品も

金運・招福・長寿の御守。お手玉の形になっており、お手玉として振ることで神徳が高まるとされる。1,000 円

あらゆる悩みや心配事が無くなり心安らかに過ごせることを祈願する「大丈夫守」。紐の色は全６色（黒・紫・緑・黄緑・紺・桃）で、生地の模様にはそれぞれ日本の伝統的な柄が入っている。500 円

御朱印

浅草神社の神紋「三網」が押されている。檜前兄弟と土師真中知の三人を祀るため、三つの漁網が並んだ形

浅草神社

東京都台東区浅草 2-3-1
TEL 03-3844-1575
［参拝時間］24 時間
［御朱印料］500 円
（御朱印・御守の授与 9:00 ～ 16:30）
［アクセス］地下鉄・東武浅草駅より徒歩７分
asakusajinja.jp

お参りのあとに

幕末に開園した日本最初の遊園地。1953 年製、日本現存最古のローラーコースターは現役。「浅草花劇場」では「ハナヤシキプロレスリング」や「花振袖の舞」などが楽しめる。

浅草花やしき

東京都台東区浅草 2-28-1
TEL 03-3842-8780

蛙

十番稲荷神社

御祭神

倉稲魂命《うかたみたまのみこと》

日本武尊《やまとたけるのみこと》

市杵島姫命《いちきしまひめのみこと》

田心姫命《たぎりひめのみこと》

湍津姫命《たぎつひめのみこと》

神社に奉納する以前は商店や銀行に置かれ、商売繁盛や「お金がかえる」ご利益があったという

火伏《ひぶ》せの守り神 かえるの御守と御札

江戸後期、火事の火の手が元麻布の山崎主税助《ちからのすけ》屋敷にまで迫った時、邸内の池からガマが現れて水を吹きかけ、火を退けた。これにあやかり山崎家は「上」の一字を書いた御札を人々に授け、のちに十番稲荷神社の前身である末廣神社に受け継がれる。御札は「上の字様」と称されて防火や火傷、毒虫除けの御守として信仰を集めた。御札の授与は戦後途絶えたが、後に「かえるの御守」として復活。平成二〇年には御札を十番稲荷神社が復活させる。

かえるの石像は、かえるにゆかり深い神社ということから昭和五七年に麻布十番商店街と近隣の石材店から奉納されたものだ。

麻布十番駅地上出口すぐのところ

ここに注目!

デフォルメのないリアルな形をしているが、どこか愛嬌もあり、絶妙なバランスをしている。大通りに面してたたずみ、町を火事から守っているよう。

こんな授与品も

各種の御守（500円〜）。近年では防火・火傷の御守としてだけではなく、「かえる」の語音から旅行や入院の際に無事かえる、遺失物がかえる、若がえる等の願かけをする御守としても求められている。

こちらは旅行安全・開運招福の御守。財布に入れるのにちょうど良い大きさ。500円

御朱印

左上にはかわいらしい干支の印が押される

十番稲荷神社

東京都港区麻布十番 1-4-6
TEL 03-3583-6250
［参拝時間］ 9：00 〜 17：00
［御朱印料］ 500 円
（御朱印・御守の授与 10：00 〜 12：00
／ 13：00 〜 16：00）
［アクセス］ 地下鉄麻布十番駅
より徒歩 0 分
jubaninari.or.jp

お参りのあとに

善福寺の門前町としての歴史を受け継ぐ商店街。懐かしさと共に、近隣には大使館が多いことから国際性も併せ持つ。毎年の「麻布十番納涼まつり」は大にぎわい。

麻布十番商店街

地下鉄 南北線・大江戸線 麻布十番駅すぐ

現在の狸塚と手前の狸像は明治の頃より存在。写真左奥は妖怪狸がすみついた穴を再現したもの

狸

多聞寺

隅田山
吉祥院

真言宗

妖怪狸の伝承残る 俗称「たぬき寺」

安土桃山時代創建、開祖は鑁海《ばんかい》和尚。当時、寺のそばの松の大木の穴に妖怪狸がすみつき悪戯をしていた。和尚と村人たちはお堂を立ててこれを追い払うことにし、松を切り倒して穴をふさぐ。すると大地が轟き空から土が降ってきて、悪戯はひどくなるばかり。ある晩、和尚の夢に大入道が現れ「ここはわしのものじゃ。さっさと出て行け！ さもないと村人たちを食ってしまうぞ」と脅かした。和尚が一心に本尊に拝むと、毘沙門天の使いが現れて妖怪狸を「悪さが身を滅ぼす」と諭した。翌朝、二匹の狸がお堂の前で死んでいた。和尚と村人は狸塚を築き供養したという伝説が残る。

隅田川七福神めぐりの一つ「毘沙門天」が本尊

ここに
注目!

多聞寺には「たぬき寺」の俗称がある。境内には狸の像がいくつかあるので、探して回ろう。愛嬌のある狸たちが出迎えてくれる。

こんな
授与品も

陶器で作られたボタンサイズの「豆たぬき」。200円

宝袋ととっくりを持った「福たぬき」。1,000円

御朱印

中央に「毘沙門天」と書かれている

多聞寺

東京都墨田区墨田5-31-13
TEL 03-3616-6002
[参拝時間] 7:00 ～ 17:00
[御朱印料] 問い合せ
(御朱印・御守の授与 7:00 ～ 17:00)
[アクセス] 東武伊勢崎線堀切駅より徒歩7分

お参りのあとに

多聞寺と荒川を挟んでちょうど対岸にあるのが「堀切菖蒲園」。花菖蒲の見頃は6月上旬から中旬。他にも梅、藤、冬桜、牡丹など四季折々の花が見られる。

堀切菖蒲園

東京都葛飾区堀切2-19-1
TEL 03-3694-2474

一対の石亀が参拝者を迎える。2018年には社務所の改築工事が終了し、美しく生まれ替わった

亀有香取神社

御祭神

経津主大神《ふつぬしのおおかみ》

武甕槌大神《たけみかづちのおおかみ》
岐大神《くなどのおおかみ》

石亀が守る勝負とスポーツの神様

亀有香取神社の創建は、鎌倉時代の建治二年（一二七六）。この辺りは当時、亀有ではなく「亀無村」と呼ばれ、香取大神宮の神領地であったことから分霊を迎え、村の鎮守として崇敬されてきた。正保元年（一六四五）頃より「亀有」となったと伝わるが、その由来は定かではない。主祭神の経津主大神は武神である事から、何事にも打ち勝つ「勝負開運厄除の神」「スポーツの神」として現在も多くの参拝者が訪れる。

鳥居の前には「亀有」の地名に由来した阿吽の石亀が。亀有を舞台にした『こちら葛飾区亀有公園前派出所』にも登場し、境内にはお馴染み「両さん」の像も建っている。

相殿で祀られる岐大神は道案内の神。足腰健康・家内安全の御利益があるという

ここに注目!

こちらの亀は旧社殿の亀形瓦が原型となっている。勇ましい姿が特徴だ。

こんな授与品も

神社のシンボルでもある亀がかわいい御守に。右は「開運福亀守り」(500円)、左は根付型の「亀さん守」(500円)

経津主大神は戦いや刀剣にまつわる神であることに因んだ、勝運向上の「勝守」(500円)

御朱印

中央の「葛飾亀有香取神社」の印の周りに、二匹の亀が描かれた御朱印

亀有香取神社

東京都葛飾区亀有 3-42-24
TEL 03-3601-1418
[参拝時間] 24 時間
[御朱印料] 500 円
(御朱印・御守の授与〈夏季〉9:00～17:30、〈冬季〉9:00～17:00)
[アクセス] JR 亀有駅より徒歩 3 分
kameari-katori.or.jp

お参りのあとに

大鳥居の横にあるケーキ店。カフェスペースからは境内の緑や社殿が一望でき、野外のテラス席も備える。柔らかなスポンジを使ったロールケーキも人気。

ラ・ローズ・ジャポネ

亀有香取神社境内
TEL 03-5876-9759

狼

渋谷宮益御嶽《みたけ》神社

御祭神

日本武尊
秋葉の神

大黒主神
菅原の神

御祭神を守護すべく社殿前に鎮座する狼像

神社にお不動さん
神仏習合の神社

渋谷宮益御嶽神社は大和国吉野郡金峰神社の分祭社で、室町時代初期（一四〇〇年頃）に創建されたという。境内には不動尊石像もあり、古くから苦しみや疾病を炙《あぶ》りだす〝炙り不動〟と親しまれてきた。一方では商人たちや金融関係者がお札を炙って富を得る〝札炙り不動〟とも呼ばれている。

社殿前に左右向かい合って鎮座するのが一対の狼像。御祭神の日本武尊《やまとたけるのみこと》が東征の際に山中で迷い、狼の導きによって窮地を脱したと伝えられる。延宝年間（一六七三～一六八一）頃に制作された初代の石像は、戦前にはすでに損傷が甚だしく、戦後の社殿復興の際に修復され、現在では社務所内に安置されている。

渋谷駅から宮益坂を登る途中の左手にある

現在の像は戦後、原型同様に複製されたブロンズ製。造形的にも美しい姿で狛犬同様に阿吽《あうん》の形をとっており向かって左の狼が口を閉じ、右の狼が口を開けている。

ここに注目!

こんな
授与品も

大口《おおぐち》真《ま》神《がみ》のお札は、神棚などでお祀りしよう

11月には酉の市が行われ熊手を販売

御朱印

社殿前の狼の印が押された御朱印。こちらの狼も阿吽の形をとっている

渋谷宮益御嶽神社

東京都渋谷区渋谷 1-12-16
TEL 03-3407-7722
[参拝時間] 6:00 ～ 19:30
(季節により変動)
[御朱印料] 300円
(御朱印・御守の授与 9:00 ～ 17:00)
[アクセス] JR渋谷駅より徒歩3分
www.shibuyamiyamasu.jp/mitake/

お参りのあとに

1964年の東京オリンピックで選手村として利用された代々木公園は、東京ドーム11個分の広大な敷地を擁する。四季折々の様々な表情を見せてくれる。

画像提供：公益財団法人東京都公園協会

代々木公園

東京都渋谷区代々木神園町、神南2丁目

知っておきたい神使解説　その1

私達にとって身近な動物から空想上の霊獣まで、数多く存在する神の使い。その中でも代表的なものにスポットを当て、神使となった由来や逸話などを紹介します。

天神様と牛頭天王、それぞれの神社で敬われる

福岡県の太宰府天満宮、京都府の北野天満宮、東京都の亀戸天神社など、菅原道真を祀る天満宮・天神社の神使が牛である。その由来は、道真が丑年に生まれ、没したことから。また、「死後、遺体は牛の赴く所にとどめよ」という遺言に従い、遺体を大宰府から京都へ運ぶ途中に牛車が足を止めた付近に建っていた安楽寺に埋葬したという故事に因んだとも言われる。境内の撫で牛が横たわっている姿は、この時の牛を表している。

ちなみに、素戔嗚尊《すさのおのみこと》を祀る神社でも牛を神使としている。それは素戔嗚尊が牛頭天王と同一視されたため。東京の牛嶋神社などがこちらにあたる。

山の神の使いは、やがて魔除けの象徴に

猿を神使とする神社は、庚申《こうしん》信仰の本尊である猿田彦神を祀る神社、富士山を信仰する浅間神社など様々。そして、大山咋神《おおやまくいのかみ》（山王権現）を祀る神社もその一つだ。滋賀県比叡山の日吉大社をはじめ、全国に3800ある日吉神社や山王神社、東京では日枝神社がこれにあたる。比叡山山中に多く生息している猿を日吉大社の御祭神・大山咋神の使いとして敬うようになった。神使となった猿「神猿《まさる》」は「魔が去る」「勝る」と同音であることから、やがて厄除け・魔除けの象徴として信仰されるように。

「庚申塔」には、申《さる》の干支と関連して、「青面金《しょうめんこん》剛《ごう》」とともに「三猿《さんえん》」を彫ることが多い。

埼玉エリア

狼

三峯神社《みつみね》

拝殿前の階段下の狼像。秩父最古の狼の石像（文化７年）

秩父山地の狼信仰
日本武尊《やまとたけるのみこと》創祀の古社

東征中の日本武尊が三峯の山々の素晴らしい景色に感動して創祀。修験道の祖・役小角《えんのおづぬ》が修行をした修験道の霊山としても知られる。また、明治維新までは弘法大師が刻んだ観音像が祀られており、神仏習合の社としての性格を有していた。

三峯神社の神の使い、いわゆる「眷属《けんぞく》」は狼で、「オイヌサマ」と称されている。秩父山地にはかつて狼が生息していたため、この辺りには三峯神社をはじめ狼を祀る神社が多い。山里では猪鹿除け、町や村では火防・盗賊除けの霊験が語られる「オイヌサマ」。信州・甲州、また関東の村や町に加え、江戸の町人たちもこの霊験を信じ、講社を組織して三峯山に登拝した。

三峰山の山頂に鎮座する三峯神社。神聖な雰囲気に包まれる

御祭神

伊弉諾尊《いざなぎのみこと》
伊弉册尊《いざなみのみこと》

奥宮にもお参りしましょう

秩父の神社には奥宮があることが多く、なかでも三峯神社の奥宮は、妙法ヶ岳山頂にあって、本宮と比較的近いところにあります。奥宮にも多くの狼像があります。往復2時間半。奥宮は鎖場の上なので、トレッキング装備必須です

ここに注目！

三ツ鳥居前の狼像。昭和45年奉納、寄居町の石工、中山仙石の制作。東征で道に迷った日本武尊を案内したのが白狼であるという伝承もあり、神殿内に置かれる狼像も白狼だ。

川野先生の豆知識

川野先生の豆知識

表参道から境内に入る鳥居脇の左右の崖には、19世紀に活躍した秩父の名工森《もり》玄黄齊《げんこうさい》作の狼像がある。見落としやすいが、こちらも独特の狼像で、目つきに個性があり、必見の狼像である。この場所に奥宮の遙拝所があり、こちらから奥宮を望んで遥拝できる。

随身門前の狼像。大正11年、神田市場講により奉納された。石工は東京深川の杉山善次郎、彫刻師は竹越新太郎

ここに注目！

狼をお祀りする霊山

御《お》仮《かり》屋《や》は必見です。狼は大《おお》口《ぐち》真《ま》神《かみ》とも呼び、神様でもあります。山中にいる狼をお祀りする場所です。

川野先生の豆知識

奥宮は岩の上にあり、鎖場を用心して登ると、奥宮の石祠がある。千葉の銚松講奉納の狼像が一対で守る。

川野先生の豆知識

御仮屋の狼像。神殿両脇にも狼像が多数ある。

ここに注目！

川野先生の豆知識

御仮屋前両脇には、溶岩を積んだ狼山があり、親子の狼像がある。川崎神璽講奉納。昭和38年、東京芝の三橋清太郎制作。

御神木が入った「氣の御守」。三峯山の神氣を身につけられる。1,000円

御眷属である狼が描かれた「御《み》影《えい》札」。諸々の災いを除けてくれる。500円

こんな
授与品も

御朱印

狼の絵が描かれた御朱印。他に社紋に使われるアヤメの絵柄のものもある

柘の木でできた狼の姿をした一刀彫の「神犬柘守」。諸々の難を除け身代わりとなってくれる。700円

三峯神社

埼玉県秩父市三峰 298-1
TEL 0494-55-0241
［参拝時間］ 9：00 ～ 17：00
［御朱印料］ 500円
（御朱印・御守の授与 9：00 ～ 17：00）
［アクセス］ 秩父鉄道三峰口駅よりバスで50分
mitsuminejinja.or.jp

※ P126に詳細地図あり

お参りのあとに

二瀬ダム造成により1961年に誕生した湖。人造湖とは思えないほどに豊かな自然にあふれており、春夏には駐車場が満車に。湖を一周できるハイキングコースも人気。

秩父湖

埼玉県秩父市大滝

多聞院

宝塔山 吉祥寺

真言宗 豊山派

狛寅の足元にもたくさんの「身がわり寅」が奉納されている

毘沙門天の化身 「狛寅」が本堂前に

元禄九年（一六九六年）、当時の川越藩主・柳沢吉保が三富《さんとめ》新田を開拓した際に、地域の祈願所・鎮守の宮として毘沙門社を創建。明治の神仏分離令によって多聞院と神明社としてそれぞれ独立する。本堂の「毘沙門堂」には武田信玄の守り本尊であった黄金の毘沙門天が祀られている。

虎は毘沙門天の使いとされるため、一対の「狛寅」として親しまれる石虎が奉納されている。「身がわり寅」を奉納して厄除を祈願する人も多く、毘沙門堂の周りは身がわり寅で埋め尽くされている。また、毎年五月には「寅まつり」が行われ多くの参拝者で賑わう。

武蔵野の緑豊かな地に佇む多聞院。牡丹の寺としても知られる

こんな
授与品も

携帯できる「身がわり寅守り」。500円

ここに
注目!

毘沙門堂前の狛寅は慶応3年（1867）に奉納されたもの。遠目から見ると威厳ある風貌だが、近づいてみると案外柔和な顔立ちをしていることがわかる。

身にふりかかる災いを託して奉納する御守「身がわり寅」。本堂前にずらりと奉納されている。300円

御朱印

「武田信玄公守本尊」と書かれている。信玄の毘沙門天像は縁あって柳沢吉保の手に渡り、多聞院に安置された

多聞院

埼玉県所沢市中富 1501
TEL 04-2942-0814
［参拝時間］ 日の出～日の入り
［御朱印料］ 随意
（御朱印・御守の授与 問い合せ）
［アクセス］ 関越自動車道所沢 IC より車で 10 分

※ P126 に詳細地図あり

お参りのあとに

多聞院の周囲に広がる畑は、江戸時代より開拓された三富新田。細長く区画されて屋敷林が連なる地割は、昔から変わらない。晴れた日は富士山が見える。

三富新田

埼玉県入間郡三芳町上富、
所沢市中富、下富

蛙

水宮神社

御祭神

天照大神《あまてらすおおかみ》
素戔嗚命《すさのおのみこと》
木花開耶姫命《このはなさくやひめのみこと》
誉田別命《ほんだわけのみこと》
大國主命《おおくにぬしのみこと》
罔象女神《みずはのめのかみ》

一対の蛙像が社殿を守護する

水の豊かな地の愛らしい「狛蛙」

縄文時代より清水の流れる地に建つ水宮神社では、境内に立つのも狛犬ならぬ「狛蛙」。愛嬌のある表情に見ているだけで癒される狛蛙にはこんな伝説が。昔々、一匹の蛙が人間のように歩きたいと日々祈っていたところ、その願いが叶い歩けるようになった。しかし、立ち上がってみれば蛙の目は後ろ向きで、うまく歩けない。元のように戻りたいと願っても、わずかな間にころころと変心する蛙に神様も怒り、許してくれなかった。そこで大日如来が蛙を元に戻してくれたのだという。

蛙は「旅先から無事かえる」、「失くし物がかえる」、「若がえる」などと掛けられ、参拝者が後を絶たない。

「水宮」の社号が表すように、境内を流れる御神水は地域の人々に愛されてきた

ここに
注目!

「阿（社殿向かって右）」、「吽（社殿向かって左）」の蛙像。ユーモラスな表情が愛らしい。

こんな
授与品も

社殿前の蛙像を忠実に模したミニチュア。2,000円。「帰る」にちなんで、交通安全、家内安全の願いをこめて、神棚、机、玄関等に飾ろう

「無事かえる」「人をむかえる」など、“かえる”にまつわる御利益のある「かえる守」700円

御朱印

神社のシンボルである蛙の像が印で押された御朱印

水宮神社

埼玉県富士見市水子 1762-3
TEL 049-251-7520
［参拝時間］8：30 ～ 17：30
［御朱印料］300 円
（御朱印・御守の授与 8：30 ～ 17：30）
［アクセス］東武東上線みずほ台駅より徒歩 20 分
mizumiya-jinja.info

※ P126 に詳細地図あり

お参りのあとに

今から約 6000 年前、縄文時代前期の海進を現在に伝える国指定史跡。資料館では、富士見市で出土した土器や石器などの考古資料を展示している。

水子貝塚公園（資料館）

埼玉県富士見市大字水子 2003-1
TEL 049-251-9686

調《つき》神社

御祭神

天照大御神《あまてらすおおみかみ》

豊宇気姫命《とようけひめのかみ》
素盞嗚尊《すさのおのみこと》

兎が迎えてくれる神社入口。小林一茶をはじめ、多くの文人墨客が参拝したと伝わる

個性豊かな兎たちに思わず頬が緩む

調神社の創建は、今から約二〇〇〇年ほど前。地元では「つきのみや」と呼ばれて親しまれているこちらは、全国的にも珍しい鳥居のない神社としても知られている。それは伊勢神宮への貢ぎ物（調）を納めた倉庫群の中に建造されたため。運搬の邪魔になる事が無いように、鳥居が造られなかったと伝えられている。また、「調《つき》」が、「月」と読みが同じであることから兎を神使としている。境内の入口に設えられた一対の兎像を始め、手水舎や神池の石像、拝殿や稲荷社に施された彫刻など、こちらでは数えきれないほどの兎と出合うことができる。

安政６年（1859）に建築された権現造の社殿

ここに
注目!

境内に鎮座する様々な姿の兎像。ここではその一部をご紹介。

こちらは万延２年（1861）に奉納、板橋宿兼吉作。先代の石兎だが、今も大切に保存されている。

調神社

埼玉県さいたま市浦和区岸町３
[参拝時間] 24 時間
(御守の授与 9:00 ～ 16:00)
[アクセス] JR 浦和駅より徒歩 10 分

お参りのあとに

長年学校給食を作ってきた栄養士のシェフが作る、絶品のかき氷。着色料・添加物を使用せず、体にやさしい所も見逃せないポイント。

浦和かき氷 蔦

埼玉県さいたま市浦和区高砂 1-9-11

虎

秩父神社

母虎と子虎が仲睦まじく戯れている様子が描かれている

御祭神

八意思兼命《やごころおもいかねのみこと》
知知夫彦命《ちちぶひこのみこと》

天之御中主神《あめのみなかぬしのかみ》
秩父宮雍仁親王《ちちぶのみややすひとしんのう》

徳川家康ゆかりの 子宝 子育ての虎

創建は第十代崇神天皇の時代に遡る。戦国時代、戦乱により社殿が焼失し、現在の社殿は徳川家康により再建されたものだ。秩父夜祭は秩父神社の例大祭で、京都祇園祭、飛騨高山祭とともに日本三大曳山祭に数えられ、ユネスコ無形文化遺産に登録されている。

社殿の四面には虎、猿、梟《ふくろう》、龍など様々な動物の彫刻が施されているが、特に知られているのは「子宝 子育ての虎」。日光東照宮の眠り猫などで有名な彫刻師・左甚五郎の作と伝えられている。家康は「寅年、寅の日、寅の刻生まれ」と伝えられており、これに因んで虎の彫刻が施されたのであろう。

知知夫国《ちちぶのくに》の総鎮守として由緒ある神社

ここに注目！

上図の虎は縞柄だが、「子宝 子育ての虎」の母虎（右ページ）は豹柄。昔の日本では虎の雄は縞、雌は豹と考えられていたためであり、また「群虎に一豹を添える」ことで絵に変化をもたらすという狩野派のセオリーを踏襲したものとも考えられる。

こんな授与品も

子宝 子育ての虎にあやかった「子宝守」。800円

水みくじ。地下水を組み上げた池に晒すと、おみくじの字が浮かび上がる。200円

御朱印

古代、秩父地方は「知知夫国」と称されていた

秩父神社

埼玉県秩父市番場町 1-3
TEL 0494-22-0262
［参拝時間］ 5：00 ～ 20：00
（5/1 ～ 9/30 は 5：30 ～、
12/1 ～ 2/28 は 6：00 ～）
［御朱印料］ 500 円
（御朱印・御守の授与 8：30 ～ 17：00）
［アクセス］ 秩父鉄道秩父駅より
徒歩 3 分
www.chichibu-jinja.or.jp

お参りのあとに

御花畑駅から秩父神社へと向かう商店街は、昭和レトロの雰囲気が漂う。食堂、カフェ、味噌漬けの老舗、煙草店など国登録有形文化財の建物も点在。

番場通り

秩父鉄道御花畑駅徒歩 2 分

蜈蚣《むかで》

聖《ひじり》神社

御祭神

金山彦命《かなやまひこのみこと》

国常立命《くにのとこたちのみこと》
大日孁貴尊《おおひるめむちのみこと》

神日本磐余彦命《かむやまといわれひこのみこと》
元明金命《げんみょうかがねのみこと》

和同開珎とムカデの図柄があしらわれた御朱印帳

日本初の通貨誕生の地 金運祈願のムカデ

元明天皇の時代、慶雲五年（七〇八）、この地で和銅（精錬しなくても使える純度の高い天然の銅）の塊が発見された。この和銅を使って造られたのが日本最初の通貨「和同開《かい》弥《ちん》」だ。和銅の発見・献上を喜んだ朝廷は年号を和銅に改元し、和銅山の前方にある「祝山」にお宮を建ててこれを祝った。これが聖神社の起源となる。その時下賜された雌雄の銅製ムカデは神社の御神宝とされている。

ムカデは前進あるのみで決して後ろへ退かないことから、また足が多いのでおあし（足＝銭）がたくさん付いていることから、戦勝や金運祈願の信仰を集めてきた。毘沙門天の使いでもある。

パワースポットとして知られ、遠方から訪れる人も多い

ここに
注目!

元明天皇より下賜されたと伝わる雌雄一対のムカデの御神宝。公開は年２回（4月13日と11月13日）の祭礼時のみで、普段は宝物殿に安置されている。

こんな
授与品も

和同開珎の形をした絵馬。日本の通貨誕生の地ならでは。500円

こちらは和同開珎とムカデがあしらわれている絵馬。境内には宝くじに当選したというお礼の言葉を書き記した絵馬もかけられている。500円

御朱印

右下に押されているのは和同開珎の印

聖神社

埼玉県秩父市黒谷字菅仁田2191
TEL 0494-24-2106
［参拝時間］ 9：00 ～ 17：00
［御朱印料］ 500円
（御朱印・御守の授与 9：30 ～ 16：00）
［アクセス］ 秩父鉄道和銅黒谷駅より徒歩5分

お参りのあとに

聖神社から徒歩15分ほど山を登ったところに、和銅が採掘された「和銅遺跡」がある。露天掘跡の近くには高さ5mもある「和同開珎」の大きなモニュメントが。

和銅遺跡

埼玉県秩父市黒谷1918

鯉

栗橋八坂神社

鯉と亀の縁起より隆昌・健康長寿に御利益のある神様として「天王様」と呼ばれ、親しまれてきた

宿場町で崇敬されてきた神社

慶長年間（一五九六〜一六一五）、利根川に大洪水が起こる。すると川の波間を鯉と泥亀に囲まれた神輿が流れてきた。村人が引き上げると、元栗橋（猿島郡五霞村）にある八坂神社の神輿だった。激しい流れに耐えたことを、神慮によるものと考えた村人たちは、元栗橋より八坂神社をこの地へ勧請する。その後、寛永年間（一六二四〜一六四四）に栗橋宿がこの地へ移転すると、関所が設けられ交通の要衝として、また、利根川河港が整備され舟運の拠点となると船主や旅人で賑わう宿場町として発展していく。こうして日光街道栗橋宿の総鎮守として崇敬されるようになった。

拝殿前の鯉の像は、昭和 61 年に鎮座

御祭神

素戔嗚尊《すさのをのみこと》

こんな授与品も

鯉と亀を織り込んだ身守は4種類、600円。その他御守も多数

ここに注目!

阿吽のように、口を閉じた鯉(除災乃鯉)、口を開けた鯉(招福乃鯉)と、対になっている。鯉の下の波間には亀の姿も。

御朱印

右上に神使の鯉と亀の印、中心に神社社名印、左下に社務所印が押されている

栗橋八坂神社

埼玉県久喜市栗橋北 2-15-1
TEL 0480-58-0207
[参拝時間] 24 時間
[御朱印料] 300 円
(御朱印・御守の授与 9:00 ～ 16:00)
[アクセス] JR 栗橋駅より徒歩 17 分
kurihashi-yasaka-jinja.jp

※ P126 に詳細地図あり

お参りのあとに

源義経と恋仲で知られる静御前は、栗橋の地で亡くなったとも言われる。例年、命日とされる9月15日に「静御前墓前祭」行われている。

静御前の墓

埼玉県久喜市栗橋町中央 1-2

画像提供:(一社)久喜市観光協会

田島御嶽《おんたけ》神社

御祭神

國常立尊《くにとこたちのみこと》

大己貴命

少彦名命

猿田彦大神

天鈿女命《あめのうずめのみこと》

拝殿前には一対の天神雷鳥大神像が建てられている

鶴と雷鳥の姿をした全国的にも珍しい神使

御嶽信仰とは、長野県と岐阜県にまたがる木曽御嶽山を中心とした山岳信仰。江戸中期、木曽御嶽山の王滝村から王滝口登山道を開き、大衆に御嶽信仰を広めたのが普寛行者だ。

田島御嶽神社の創建は鎌倉時代後期の永仁三年（一二九五）。天明年間（一七八一〜八九）に、普寛行者がこちらで修行を行い、木曽御嶽神社の分社として奉祭されることとなった。境内には、全国的にも珍しい天神雷鳥大神の像が建てられている。頭と足が丹頂鶴、胴体は雷鳥という姿で、木曽御嶽山で道に困り果てていた普寛行者を山頂へと導いたという伝承が残っており、こちらでは神使として祀っている。

全国に複数ある御嶽神社と区別するため、田島の地名に因み、「田島の御嶽神社」の名で呼ばれる

境内の天神雷鳥大神立像（左）の他、本殿玉垣内には座像（右）も。その違いを見比べたい。

ここに注目！

初宮詣や七五三、厄除け、病気平癒、心願成就等、様々な目的で参拝されている。「根付天神雷鳥御守」や「根付白龍宝珠御守」（各1,000 円）をはじめ、様々な授与品が揃う

こんな授与品も

御朱印

「普寛行者修行之地」と記された御朱印。印章にて押され、中央の朱印には神霊と書かれている

田島御嶽神社

埼玉県さいたま市桜区田島 3-28-30
TEL 048-862-1025
[参拝時間] 7：00 ～ 17：00
[御朱印料] 500 円
（御朱印・御守の授与 9：00 ～ 16：00）
[アクセス] JR 西浦和駅より
徒歩 6 分
ontake-tajima.jp

お参りのあとに

「海なし市にプールを」という市民の願いから昭和 46 年にオープン。冬季は屋外最大規模・国際規格のアイススケートリンクとして人気を集める。

沼影公園

埼玉県さいたま市南区沼影 2-7-35
TEL 048-861-9955

知ってておきたい神使解説 その2

五穀豊穣をもたらす田の神の使い

狐を祀る神社仏閣は、神道系と仏教系に分かれる。前者の代表格が京都の伏見稲荷大社を総本山とする稲荷神社だ。狐が田の神である宇迦《うか》之御魂《のみたま》（稲荷神）の使いとされている理由は、稲作の始まる初午の頃（2月上旬）から収穫の終わる秋頃まで人里に姿を見せること、毛並みの色や尾の形が稲穂を連想させることなどがある。そのため、稲荷神社の狐像は、稲穂の象徴である尾を大きめに作られることが多い。口に咥えるものも、鍵（稲蔵の鍵を表し、富貴・豊穣を意味）、巻物（知恵の象徴）、玉（宝珠）など、様々だ。

他方、仏教系の狐は、白狐に乗ったインド伝来の神・ダキニ天が神道系と集合したもの。愛知県の豊川稲荷や東京の池上本門寺など。

日本武尊を導いた山の神の使い

関東地方、特に埼玉県秩父地方で信仰されてきた狼は、古来より「山の神」「御神体である山そのもの」の使いとされてきた。東征に赴いた日本武尊が秩父・武蔵の山中で道を見失った際導いたのが山の神の眷属《けんぞく》である狼だと言われる。神使としての狼は「大口真神《おおぐちまかみ》」「オイヌサマ」と呼ばれ、信仰の対象となった。また、畑を荒らす猪や鹿の天敵として人々の生活に役立つ存在であったことも尊崇された理由だろう。江戸時代に三峯神社が狼の祈祷札を信者に向けて発行すると、たちまちに流行。江戸を中心に猪・鹿除けや盗難・火災除けの御札として広まった。

神社で見られる狼の像は、鋭い牙や爪、狛犬と比べ痩せた造形などが特徴。

千葉エリア

山倉大神《やまくらだいじん》

御祭神

高皇産霊大神《たかみむすびのおおかみ》

境内の「栗山川に山倉様の上り鮭」と書かれた歌碑。鮭がデザインされている

祭の際に鮭を奉納

弘仁二年（八一一）に創建されたと伝わる山倉大神は、香取市山倉地区の中央に鎮座し、市内外から広く参詣者が訪れる古社。かつては「山倉大六天」を称していたが、神仏分離によって明治三年（一八七〇）から山倉大神と改称した。この地で悪病が大流行した江戸時代に、僧の円頓が、霊験あらたかな御祭神を勧《かん》請《じょう》し、栗山川を遡上した鮭を捧げて、熱心に祈祷を続けると、悪病が治まったと伝わる。

毎年十二月第一日曜日に催行される初卯大祭「山倉の鮭祭り」は、県指定無形民俗文化財。神前に鮭を奉納し様々な儀式が行われ、多くの人で賑わう。

山倉大神拝殿。本殿は安永７年（1778）の建立で、市指定文化財に指定

ここに注目!

祭り当日は御仮屋に三種の神饌《しんせん》と共に鮭が供えられる。

こんな授与品も

鮭祭り当日（12月第1日曜日）のみ頒布される護符。300円

平成28年の鮭祭りの様子

拝殿内には奉納された鮭の彫り物が

山倉大神

千葉県香取市山倉 2347-1
TEL 0478-79-2706
［参拝時間］24時間
［御朱印料］300円
(御朱印・御守の授与 基本的には祭礼時)
［アクセス］JR佐原駅より
バスで約40分、東関道大栄IC
より車で約20分

※ P126に詳細地図あり

お参りのあとに

駐車場80台を擁する日帰り天然温泉施設。露天風呂、内湯、サウナ、仮眠室などの他に、レストランも併設されているので、のんびり寛げる。

かりんの湯

千葉県香取市西田部 1309-34
TEL 0478-75-1726

鷲《わし》神社

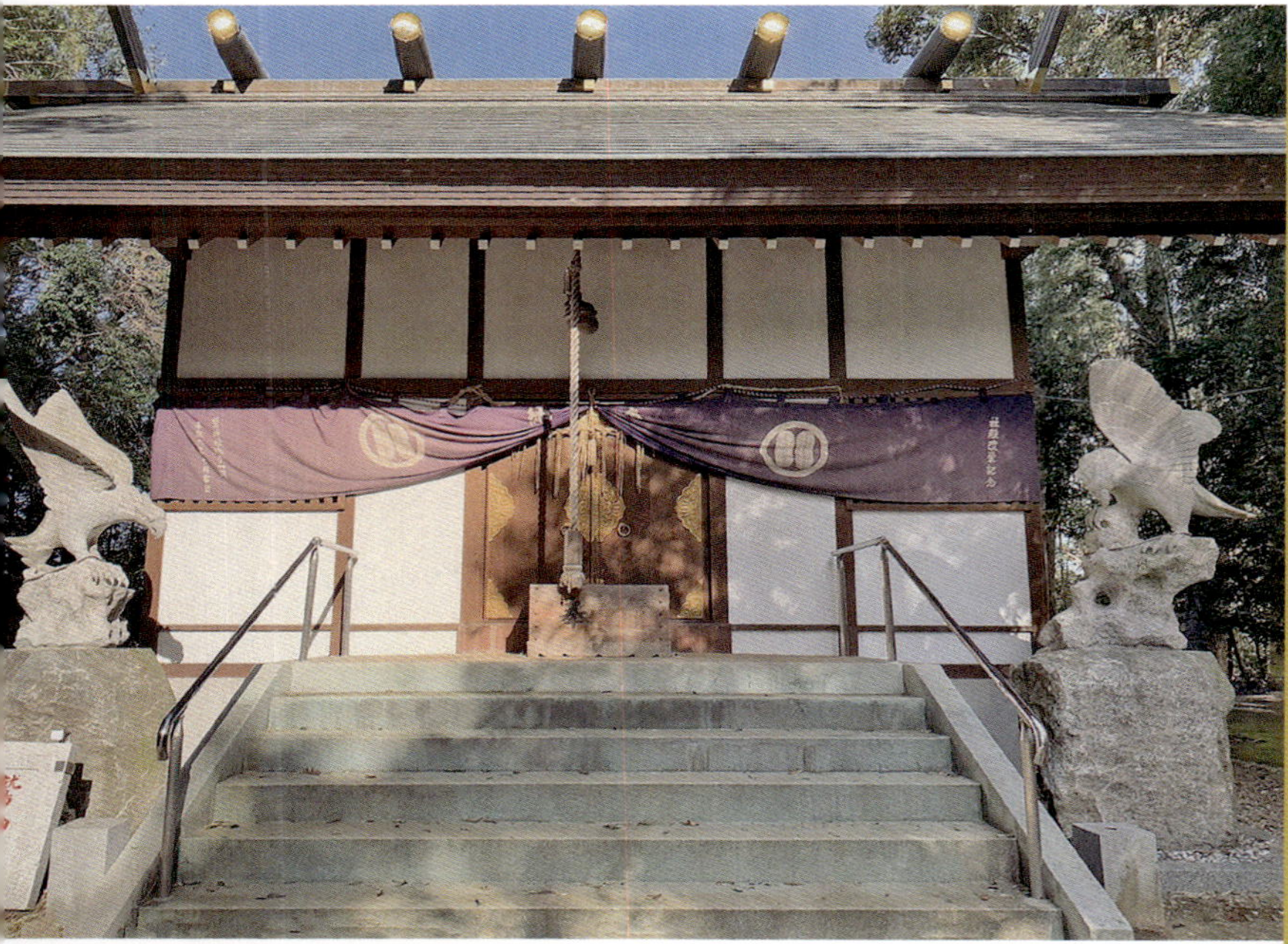

拝殿前に鎮座する鷲。この奥は幣殿・本殿へと続く

御祭神の鷲神に因んだ鷲の石像

　平将門の家臣久寺家《くじけ》豊後《ぶんご》大炊《おおい》左馬助《さまのすけ》が勧請したと伝えられる鷲神社。無人の神社だが、毎年七月の第二日曜日に行われる夏の祭礼と、十一月の酉の市には多くの人が訪れる。

　日本神話で天照大神が天岩戸に入って隠れた際、神々は天照大神の気を惹くために岩戸の前で踊りを始める。その中の神が弦楽器を奏でると、弦の先に鷲が止まった。神々は、「これは世の中を明るくする吉《きっ》祥《しょう》を表す鳥だ」といって喜び、この神の名を鷲の字を加えて、天日鷲命とされた。平成六年の社殿改築の際に鷲神社の御祭神である天日鷲神に因んで、鷲の石像が鎮座した。

拝殿へと続く参道の鳥居

御祭神

天日鷲神《あめのひわしのみこと》

狛犬と同じように阿吽の形をとる鷲。羽を広げどちらも勇ましい姿をしている石像だ

ここに注目!

鷲神社へ続く階段下の入口

鷲神社

千葉県我孫子市久寺家 362
[参拝時間] 24 時間
[アクセス] JR 我孫子駅より徒歩 30 分

※ P126 に詳細地図あり

お参りのあとに

大正 4 年から大正 12 年まで我孫子で暮らした志賀直哉。この地で『城の崎にて』、『暗夜行路』などを執筆した。年末年始を除く、土日の 10 時から 14 時まで書斎を公開。

志賀直哉邸跡

千葉県我孫子市緑 2-7

願い事を心の中で念じながら足を優しく撫でよう

象

長福寿寺

三途河頭極楽東門蓮華台上
阿弥陀坊大平埜山本実成院

天台宗

幸運を呼ぶ象が
人々の願いを叶える

延暦十七年（七九八）、桓武天皇の勅願により、最澄によって創建された長福寿寺。中世においては日本三大学問所として寺院子弟の教育にあたり、西に比叡山・東に長福寿寺（当時は東叡山と称した）ありと称せられていたという。また、上《かず》総《さ》・下総《しもうさ》・安房《あわ》の房総三国における大本山として各寺院を統理していた。室町時代末期、当時の住職が護摩修行中に、火炎の中に一頭の象が舞い降りて「人々を幸せにするためにやってきた」と告げる。釈尊が誕生前、白象となって摩耶夫人の胎内に入ったとされるなど、象は仏教と縁が深い動物。これに由来し願いを叶える「吉ゾウくん」が境内に鎮座している。

本殿前に鎮座する、存在感を放つ吉ゾウくん

本殿前「吉ゾウくん」は、2011年に日本一大きな御影石の像として造られた。

ここに注目！

「金運爆上げカード」1,500円。財布に入れて持ち歩くと最強大金運！

こんな授与品も

「宝くじ入れ」2,000円。宝くじを購入したらこちらへ入れて保存

御朱印

「福寿」と書かれた御朱印300円。正月3ヶ日限定の「開運」のご朱印800円

長福寿寺

千葉県長生郡長南町長南969
TEL 0475-46-1837
[参拝時間] 9:00～17:00
[御朱印料] 300円
(御朱印・御守の授与9:00～16:00)
[アクセス] バス停「愛宕町」より徒歩5分
choufukujuji.com

※P126に詳細地図あり

お参りのあとに

茂原市のほぼ中央に位置し、展望広場や散策道、多目的広場、美術館、郷土資料館などを擁する広大な公園。桜の名所で知られる他、四季折々の植物が迎えてくれる。

茂原公園

千葉県茂原市高師1325-1

千葉神社

御祭神

北辰妙見尊星王《ほくしんみょうけんそんじょうおう》

複数の火山岩が集められて亀のような形になった

北極星の神の御使いである亀

御祭神の「北辰妙見尊《ほくしんみょうけんそん》星王《じょうおう》(妙見様)」は北極星の神霊で、北の方角を守護し、陰陽五行のうち「水」を司る神様である為、龍・玄武・蛇・亀など水に関わる霊獣・動物が神使とされている。一九九〇年に行われた重層社殿の造営の際、境内の火山岩を一カ所に集めたところ、その姿が神使の亀に似ているとしていつからか参拝者が手を合わせてお参りするようになっていた。これを「妙見様のお導き」として、正式に「亀岩」としてお参りできるよう周囲を整備。以来、妙見様から福運を授かる岩として更に多くの人に触れられたことで、亀の背が徐々に滑らかになってきている。

豪族・千葉氏が平安時代に「北斗山金剛授寺」を中興開山し、明治の神仏分離令により「千葉神社」と改称

ここに注目!

撫でると福を授かるとされている亀岩。偶然の賜物なのかもしれないが、亀は御祭神の神使とされているため、霊験を感じる。

こんな授与品も

「ボケ封じの智恵守」。妙見様の神使である「亀」と天神様の「星梅鉢」の紋があしらわれている。800円

上/「厄除開運身代守」800円。三光紋(星、月、太陽が重なった紋)と十曜紋(中央の大星と周りの九つの星が描かれている紋)が描かれている。2つの紋は千葉氏の家紋でもある　下/厄除開運と交通安全を祈願する「貝守」800円

御朱印

全国の妙見様を祀る総本宮のため「妙見本宮」と書かれている

千葉神社

千葉県千葉市中央区院内 1-16-1
TEL 043-224-2211
[参拝時間] 6:00 ～ 18:00
[御朱印料] 300 円
(御朱印・御守の授与 9:00 ～ 17:00)
[アクセス] JR・京成千葉駅より徒歩 12 分
www.chibajinja.com

お参りのあとに

春の桜・夏の大賀ハス・秋の紅葉など四季の自然と触れ合え、ボート遊びをはじめ様々なスポーツが楽しめる広大な公園。JR千葉駅から徒歩 10 分とアクセスも良い。

千葉公園

千葉県千葉市中央区弁天 3-1-1
TEL 043-251-5103

知っておきたい神使解説　その3

人間の長年のパートナーであり安産・子育ての象徴

人間にとって最も身近な動物といっても過言ではない犬。日本でも縄文時代より頼れるパートナーとして、狩猟採集生活をサポートした。伝説には長野県の山中で道を見失った日本武尊の案内を務めたり（『日本書紀』より）、空海が高野山を真言宗の本山に決める際に先導したりとたびたび登場。優れた五感により人間が気付かないものをいち早く察知したことから、神秘的な動物として大事にされたのだろう。

また、犬は多くの仔を産み育てることから、多産・安産・子授けの象徴としても知られている。その代表的な神社と言えば、東京の水天宮だろう。12日に一度の「戌の日」にはその御利益にあやかろうと、多くの女性や家族連れが訪れている。

戦国武将も崇敬した毘沙門天の神使

仏法を守護するの四天王として、また七福神の一人としてもお馴染みの毘沙門天。上杉謙信が「毘」の一字を軍旗として掲げたように、毘沙門天は闘いの神、開運出世の神として崇敬されてきた。そして、その使いとされているのが虎である（本来の神使は百足）。その理由は、毘沙門天が現れたのが、寅の年（信貴山朝護孫子寺の縁起）・寅の月（鞍馬寺の縁起）・寅の日・寅の刻であったからなどとと言われている。

また、毘沙門天を御祭神とする神社の他、虎殺しの逸話で知られる戦国武将・加藤清正ゆかりの寺社や、壬寅《みずのえとら》年生まれの徳川家康を祀る日光東照宮などでも虎の像を見ることができる。ちなみに、母虎が豹柄をしているのは、雌の虎は豹であると考えられていた時の名残である。

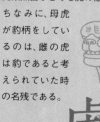

神奈川エリア

箱根神社・九《く》頭《ず》龍《りゅう》神社

御祭神

箱根大神《はこねのおおかみ》
九《く》頭《ず》龍《りゅう》大神《おおかみ》

九頭龍神社新宮前の龍神水舎。芦ノ湖を象った水盤に、九つの龍の口から「龍神水」が湧き出る

九つの龍の口から湧き出る霊水

開運厄除・心願成就（勝運守護）・交通安全・縁結びなどの御神徳で知られる箱根神社は、箱根山で修行をしていた万巻《まんがん》上人が、箱根大神の神託により天平宝字元年（七五七）に創建。また、末社の九頭龍神社は、箱根大神の大きな力を授かった万巻上人が荒れ狂う毒龍を調伏し、芦ノ湖の守護神・九頭龍大神として神社にお祀りしたことに由来する。本宮は森の奥深くにあるため、箱根神社と九頭龍神社を気軽に両社参りできるようにと、平成十二年に箱根神社境内に九頭龍神社の新宮を建立。龍神水舎は九つの龍の口から水が湧き出ており、その「龍神水」を求め多くの人が訪れている。

多くの木々に囲まれた箱根神社社殿

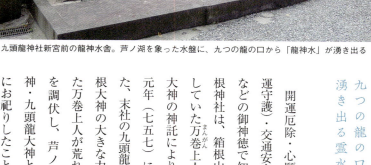

ここに
注目!

九つの龍の口から湧き出る「龍神水」は、専用のペットボトルで持ち帰ることも可能。箱根神社と九頭龍神社の両社参りがおすすめだ。

こんな
授与品も

開運金運守護と心願成就の「九頭龍根付御守」。良縁祈願、良縁成就の「九頭龍えんむすび御守」。共に1,000円

九頭龍御守 1,000 円。心願成就と開運金運守護。大切なものに結び付け身につけよう

御朱印

箱根神社、九頭龍神社、箱根七福神恵比寿社、希望の御朱印をお願いしよう

箱根神社・九頭龍神社

神奈川県足柄下郡箱根町
元箱根 80-1
TEL 0460-83-7123
[参拝時間] 24 時間
(駐車場 7:00 ～ 17:00)
[御朱印料] 500 円
(御朱印・御守の授与 8:00 ～ 17:00)
[アクセス] バス停「元箱根」、「箱根神社入口」より徒歩 10 分
hakonejinja.or.jp

お参りのあとに

箱根神社から 4.5km 程離れたところにある九頭龍神社本宮。毎月 13 日に月に 1 度の月次祭が行われ、全国から多くの人が参拝に訪れる。

九頭龍神社本宮

神奈川県足柄下郡箱根町元箱根
箱根九頭龍の森内

鼠

北新羽《きたにっぱ》杉山神社

石鼠の台座は回転する仕組みとなっている

この地に二社鎮座する杉山神社の一社

応永二年（一三九五）創建の北新羽杉山神社は、新羽町を見守るかのようにして高台に建つ。階段を上がった先にある本殿は、明治初年、昭和五一年と二度の火災に遭うが、その都度、氏子たちの協力によって再建されてきた。そこに現在、一対で鎮座するのが打ち出の小づちを持つ鼠像。御祭神である大己貴命《おおなむちのみこと》が須勢《すせ》理《り》毘《び》売命《めのみこと》と恋に落ちた時、須勢理毘売命の父・須佐之《すさの》男命《おのみこと》は、結婚の条件に幾多の過酷な試練を課す。そんな中、火の中に閉じ込められた大己貴命を救ったのが鼠。その後、鼠は大己貴命の使いとなった。

五穀豊穣、産業発展、家運隆盛、長寿、縁結びの御利益がある北新羽杉山神社

御祭神

大己貴命《おおなむちのみこと》

ここに注目!

社殿向かって右の鼠は雄、左が雌。男性は雄を、女性は雌の鼠の台座を一回転しながら願いを唱えよう。

境内には狛犬も鎮座している。昭和36年奉納、戦後生まれの江戸流れ尾の狛犬で、足立光一制作

階段を上がって左手にある手水舎では、龍の像が迎える

北新羽杉山神社

神奈川県横浜市港北区新羽町3918
TEL 045-542-0374（新羽杉山神社）
［参拝時間］24時間
［アクセス］横浜市営地下鉄
ブルーライン 新羽駅より徒歩約15分
www.yokohama21.net/
sugiyamajinjya/1kitanippa.html

お参りのあとに

北新羽杉山神社と1km程離れたところにあるもう一つの杉山神社が新羽杉山神社。こちらにも文化10年（1813）の狛犬や神馬の像などが鎮座する。

新羽杉山神社

神奈川県横浜市港北区新羽町2576

鼠

戸部杉山神社

横浜市の住宅街に静かに佇む戸部杉山神社

神使の鼠を廻し
大願成就を祈願

白鳳三年（六五二）、出雲大社の御分霊を勧請したのがはじまりとされる歴史のある神社。横浜旧市内で最古の社だという。関東大震災の際には、境内に避難した人の家財道具に火が付き全焼。復興再建の話を進める中、第二次世界大戦が勃発し、再建は延期となったが、終戦後の昭和三一年に竣工したのが現在の社殿である。御祭神の大己貴命の神使として伝えられる鼠。社殿前で存在感を放っている鼠像は、平成十四年、鎮座一三五〇年を記念して建てられた。社殿向かって右が雄、左が雌の鼠で、男性は雄を女性は雌をゆっくり廻してから神前に祈願しよう。

福徳開運、縁結び、家内安全、諸業繁栄、病気平癒など広い御神徳を併せ持つ神社

御祭神

大己貴命《おおなむちのみこと》

ここに注目!

女性は反時計回り、男性は時計回りで、内側に向かって一回転させ、願掛けをしよう。石像だが、とてもスムースに回転する。

こんな授与品も

子年に因んで、限定50枚販売される「吉祥寶来」1,500円

「身体守り」は大が800円、小が600円。鼠のイラストがかわいらしい

御朱印

子年の令和2年の新年より、鼠の印が押される。打ち出の小づちの印も印象的だ

戸部杉山神社

神奈川県横浜市西区中央 1-13-1
TEL 045-321-1980
［参拝時間］24時間
［御朱印料］300円
（御朱印・御守の授与 9:00～17:00）
［アクセス］京浜急行戸部駅より6分
instagram.com/tobe_sugiyamajinja/

お参りのあとに

四季咲きを中心とした1800品種のバラをメインに、春の芽吹きから枯れゆく秋の自然の風景を楽しめる。バラの見頃は、5月頃と10月中旬～11月中旬頃。

横浜イングリッシュガーデン

神奈川県横浜市西区西平沼町 6-1
tvk ecom park 内　※入園料は季節により変動

狛犬

稲毛神社

御祭神

武甕槌神《たけみかつちのかみ》

経津主神《ふつぬしのかみ》
菊理媛神《くくりひめのかみ》

伊弉諾神《いざなぎのかみ》
伊弉冉神《いざなみのかみ》

ブロンズ製の狛犬は奈良県の観光マスコット「せんとくん」の制作者籔内佐斗司氏による

天地睨みの狛犬を撫で、御利益を授かろう

確かな創建年は明らかではないが、境内にある樹齢千年と推定される御神木の大銀杏が古社であることを物語る。江戸時代には東海道の宿場町として栄えた川崎市街。そのころの宝永年間（一七〇四～一七一一）に造営された荘厳優美な社殿は、昭和二〇年の空襲で惜しくも焼失したが、戦後、現社殿が築造された。平成三年より社殿前の左右に鎮座しているのが、天地睨《にら》みの狛犬。狛犬は阿吽の呼吸をもって鋭い眼光で厄災を祓《はら》うと伝えられており、参拝者から見て右が天を祓い、左が地を祓うという意味が込められている。平成の御大典を記念して、彫刻家・籔内佐斗司氏によって制作された。

稲毛神社のご神徳は「勝」と「和」

ここに
注目！

上半身について願い事がある人は参拝者から見て右の狛犬を、下半身についての願い事がある人は左の狛犬を撫でてから参拝をしよう。

こんな
授与品も

熊本県の装飾古墳・チブサン古墳の壁画をモチーフにした厄除・招福の「二ツ目厄除守」
800円

こちらの「健康長寿守」を狛犬に押し当て邪気を祓ってもらうようお願いしてから身につけよう。
800円

御朱印

人生の試練や困難に打ち勝ち、病気を克服し、己に克《か》って健康で安泰な生活を送れるようにとの願いが「健勝堅固」の文字に込められている

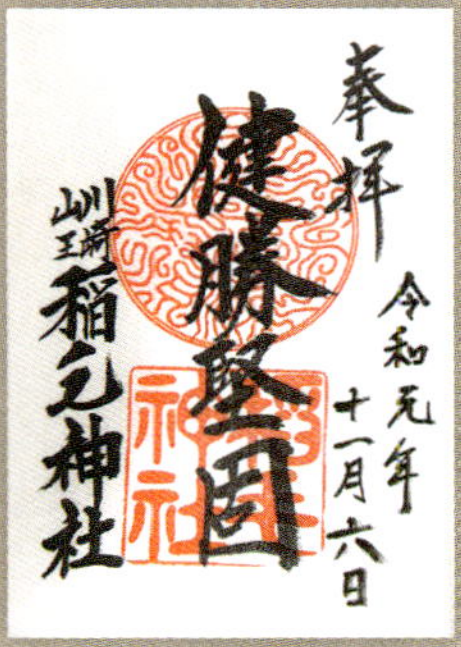

稲毛神社

神奈川県川崎市川崎区宮本町 7-7
TEL 044-222-4554
［参拝時間］24 時間
［御朱印料］300 円
（御朱印・御守の授与 9：00 ～ 17：00）
［アクセス］JR・京急川崎駅より徒歩 10 分
takemikatsuchi.net

お参りのあとに

公園内の瀋秀園は、中国の瀋陽市と、川崎市との姉妹都市提携を記念して造られた中国式自然山水庭園。瑠璃瓦、木組、獅子像、太湖石は瀋陽市より寄贈。

大師公園

神奈川県川崎市川崎区大師公園 1

武相総鎮護

座間神社・伊奴寝子《いぬねこ》社

御祭神（座間神社）
日本武尊《やまとたけるのみこと》

伊奴寝子社で、愛しいペットの健康や幸せを願い、犬猫の石像をなでよう

ペット連れでお参りができる神社

神社の創祀は五五〇年頃と一三〇〇年頃の二つの説があり、この地に流行った悪疫を治めたとされる飯綱《いづな》権現を祀ったのが座間神社の始まりだ。木々に囲まれた階段を上った高台にあり、座間市の街を見守るように社殿が佇む。その社殿の右手奥にある道を左へ進んだ先に伊奴寝子《いぬねこ》社がある。その昔、この地は養蚕や畜産が盛んで、蚕神社が祀られていた。地元の養蚕・畜産業が減る一方、近年のペットブームで、「ペットのお参りしたい」との声に応え、二〇一二年八月に伊奴寝子社を創建。ペット連れでお参りすることができ、遠方からも多くの人が訪れている。

座間神社の社殿

どちらも可愛らしい表情。ペットを連れてお参りができるのが嬉しいところだ。健康長寿や七五三の祈祷に来る人もいるという。

こんな授与品も

ペット絵馬600円。ペットの似顔絵を描いて、裏にはお願い事を書こう

ここに注目!

犬と猫の鈴の御守。600円（右）。ちりめん肉球守600円（左）。大切なペットへのプレゼント。この他にも住所氏名を記入してペットに携帯させる御守も

御朱印

左は犬猫がデザインされた伊奴寝子社の御朱印。右は座間神社の御朱印

武相総鎮護

座間神社・伊奴寝子社

神奈川県座間市座間 1-3437
TEL 046-251-0245
［参拝時間］24 時間
［御朱印料］300 円
（御朱印・御守の授与 9：00 ～ 17：00）
［アクセス］JR 相武台下駅より徒歩 5 分
www.zamajinja.or.jp

お参りのあとに

伊奴寝子社は座間公園に挟まれるようにあるのでペット連れの際にはここで遊ばせたい。遊具もあって子連れでも楽しめる。開放的でここからの眺めも抜群だ。

座間公園

神奈川県座間市座間 1-3671

狐

京浜伏見稲荷神社

お礼参りに来た参拝者の手作り前掛けをする狐も

万人の願いに寄り添い 神使狐が百八体

京都伏見稲荷大社の神示によって、「万民豊楽（全ての人々が楽しく豊かに）」と平和な毎日が守護されるよう、戦後間もなく建立されたのがこちらだ。境内には、昭和四一年より十年の歳月をかけて制作された百八の神使狐の石像がある。願いを無限に叶えるという思いを込めて、「数え切れないほど多くの」という意味を持つ百八体にしたという。その後、今から十五年程前に、参拝者によって狐に色が塗られた。一体毎に異なる姿・表情をしており、親狐が子狐と寄り添う姿や、獲物を狙っているような姿など様々。頭の上に宝珠を載せている特別な狐は四体。ぜひ探してみよう。

九棟造りのとてもめずらしい本殿

御祭神

常盤稲荷大神

こんな
授与品も

ここに
注目！

こちらは境内向かって左の凛々しい表情の狐。お気に入りの狐を見つけたら優しく撫でよう。神殿の中にいる、鍵と宝珠をくわえた大きな狐も見逃せない。

心願成就・神恩感謝の「いなりの絵馬」500円。願い事を書こう

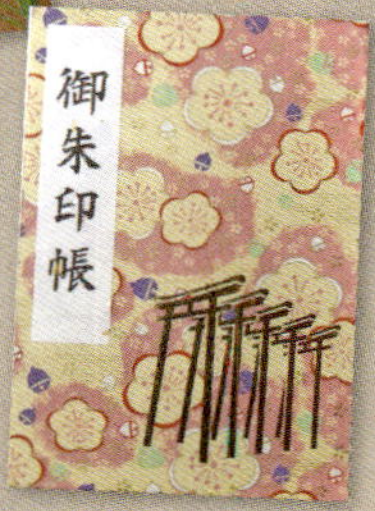

様々な神様が祀られているので、御守も多種多様。肌見離さず持ち歩きたい

御朱印

五穀豊穣・商売繁盛で知られるお稲荷さん。宝珠や稲穂の印がかわいらしい

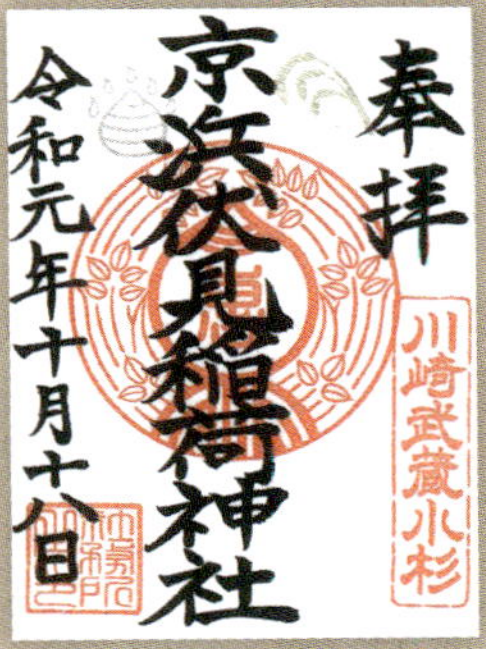

京浜伏見稲荷神社

神奈川県川崎市中原区
新丸子東 2-980
TEL 044-411-4110
［参拝時間］6：00 ～ 17：00
［御朱印料］300円
（御朱印・御守の授与 9：30 ～ 16：30）
［アクセス］東急東横線・目黒線
新丸子駅より徒歩2分

お参りのあとに

住みたい街ランキングで上位の武蔵小杉。京浜伏見稲荷から徒歩圏内なので訪れてみてはいかが。ショッピングモールなど商業施設も充実している。

武蔵小杉駅周辺

神奈川県川崎市中原区小杉町3丁目

知っておきたい神使解説　その4

雲を呼び、雨を降らす水を司る霊獣

全ての動物の頂点に立つ存在として崇められてきた空想の生物・龍。神域を守護する存在として昇龍・降龍を鳥居に刻んだ寺社も少なくない。

元々は中国北部の畑作地帯で尊崇されていたのが、南部の稲作地方に広まって水神となり、やがて稲作文化と共に日本に伝わったと言われる。水を司ることから、川や湖、海などで祀られていることが多い。芦ノ湖畔に鎮座する九頭龍神社がその好例だろう。

また、蛇や亀と共に川の神である弁財天の使いとされることや、不動明王の携えた剣に巻き付いていることから不動明王の象徴とされることもしばしば。主な御利益は開運厄除や雨乞い、五穀豊穣などと言われている。

龍

魔を祓い、悪を喰らう日本でもお馴染みの霊獣

獅子

龍と並び、霊獣として神社仏閣に鎮座する空想上の生物が獅子である。古代メソポタミアのライオン像に起源を持ち、インド・朝鮮半島を経て日本に伝来。古墳時代初期に当たる３世紀中期・後期から遅くとも４世紀前半に築造されたとみられる黒塚古墳で出土した三角縁神獣鏡に、「獅子」・「師子」の文字がみられる。

神域を守護する霊獣として信仰されたため、寺社に獅子像が置かれるように。またその口で悪を喰らうと考えられたことから、東京の波除神社のように頭のみを祀った神社も存在する。元来、獅子と高麗犬（狛犬）は対にされる事が多く、平安時代の宮中の舞楽では唐獅子を高麗犬よりも上位とした。そのため、神社仏閣でも殿内の神仏から見て左に上位の獅子、右に下位の狛犬が置かれたが、現在はその区別は失われつつある。

栃木エリア

蛇

白《はく》蛇《じゃ》辨財天

訪れたら鳥居の前、阿吽一対の白蛇像に注目したい

ちょっと怖い!?
人々を救った白蛇

大永二年（一五二二）、安芸の宮島厳島より分霊し、創建された白蛇辨財天神社。当時この辺りは「古池ヶ渕」と呼ばれ、明治の中頃まで池の周りに鬱蒼とした木々が茂っていた。杜の中には二匹の白蛇が住み、吉凶異変が起こると姿を現した。人々は白蛇の予知と辨財天の霊護によって災いを免れ、病を癒し、富を築いたと伝えられている。境内の鳥居前に鎮座する二匹の白蛇像もその伝承に由来するものだ。

また、本殿には木彫りの八臂《はっぴ》辨財天座像を安置。辨財天は弁舌・音楽・学問・除災・幸福の加護を与え、食物・富貴・名誉・福寿といった願いを聞き届けてくれる神として信仰されている。

「銭洗いの瀧」で手持ちの小銭を洗い清めると金運上昇や商売繁盛の御利益があるとされる

御祭神

市杵嶋姫命《いちきしまひめのみこと》

ここに
注目!

吽形の白蛇像の口には、知恵を象徴するという巻き物が。また、阿吽どちらも宝珠を抱いている。

こんな
授与品も

辨天の持つ琵琶と白蛇が描かれた絵馬（1,100円）

御朱印

白蛇の印が押された御朱印。「金運銭洗之瀧」の文字も見える

白蛇を象った「白蛇守」は鈴の音がすずやか（600円）

白蛇辨財天

栃木県真岡市久下田西 2-63
TEL 0285-74-0215
［参拝時間］ 9：00 ～ 16：00
［御朱印料］ 500 円
（御朱印・御守の授与 9：00 ～ 16：00）
［アクセス］ 真岡鐵道久下田駅より徒歩７分
hakujyabenzaiten.x0.com

お参りのあとに

久下田駅から２駅。真岡駅の駅舎は SL を模した姿が人気だ。タイミングが合えば、真岡鐵道の SL が駅舎から走り出す様子を見ることができる。

真岡駅

栃木県真岡市台町 2474-1

亀

亀岡八幡宮

御祭神

誉田別命

息長足姫命

玉依姫命

境内にずらりと並ぶ、大小様々な神亀

源氏を勝利に導いた亀尽くしの神社

康平年間（一〇五八～一〇六五）、源義家が奥州へ向かう途中、沼から現れ奇瑞を示す大亀と出会う。戦勝を祈願した義家は数年後逆徒を討ち果たし、凱旋後社殿を造営。後冷泉天皇の勅令により「亀岡八幡宮」と称される。その後、頼朝も祖先・義家の例に倣い武運を祈り、藤原泰衡に勝利した後の建久八年（一一九七）、社殿をほど近くの現在の地に移した。

参道の中ほどには亀の像が祀られ、この「神亀」に触れることで願いが叶うと言い伝えられている。愛らしい表情、迫力のある表情など、像によって趣が異なるので、ここを訪れたらぜひそれぞれの亀の違いにも注目したい。

現在の社殿は明治 15 年（1882）に造営されたもの

境内の神亀を一部紹介。岩を組み合わせ亀を象ったものが「なで亀」として信仰されている。

ここに注目!

こんな授与品も

長寿のシンボルでもある亀にあやかった御守（800円）

絵馬（800円）。デザインは、江戸時代、亀岡八幡宮の宮司が源義家の故事を彫った版木を元にした

御朱印

御朱印にももちろん亀の印が。隣接する神社所有の桜の名所・小宅古墳群に因み、冬と春限定で桜の印が押される

亀岡八幡宮

栃木県芳賀郡益子町大字小宅 1369-1
TEL 0285-72-2593
［参拝時間］24 時間
［御朱印料］特に決まりなし
（御朱印・御守の授与 9:00～16:00）
［アクセス］北関東自動車道
真岡 IC より車 30 分

※ P126 に詳細地図あり

お参りのあとに

「陶芸の街」として全国に知られる益子。メインストリートの城内坂通りには、益子焼を買える店をはじめ、カフェやギャラリーなど、多くの店が並ぶ。

城内坂通り

真岡鐵道益子駅より徒歩 18 分

鰻

星宮《ほしのみや》神社

御祭神

磐裂命《いわさくのみこと》

根裂命《ねさくのみこと》
経津主命《ふつぬしのみこと》

境内にある「なでうなぎ」。その周りに十二支と方角が書かれている

虚空菩薩の使い鰻を撫でる

永享年間（一四二九～四二）、この地を治める領主が社殿を造営し、開拓・農耕・商売繁盛・国土鎮護の神として近郷の人々に崇敬されてきた。明治時代に神仏分離令が出される以前は、御祭神とともに虚空蔵菩薩が祀られていた。虚空蔵菩薩の乗り物は「鰻」とされているため、二〇一五年、御祭神の神使として境内に「なでうなぎ」を設置。お椀型の盤の中心には、水を求めてどんな困難や障害も乗り越えて前進する強い生命力を持っている「鰻」が、その周りには「子丑寅卯…」と干支の一字が配されている。鰻と共に自分の干支を撫でて、身体健全、家内安全、事業繁栄を祈ろう。

栃木県には「星宮神社」が複数あるため、訪れる際は住所の確認を

水の中を仲睦まじく泳ぐ３匹の鰻の姿が象られている。リアルな形をしており、鰻特有のぬめりさえも伝わってくるようだ。

ここに注目!

縁起の良い「うなぎのぼり御守」。700円

こんな授与品も

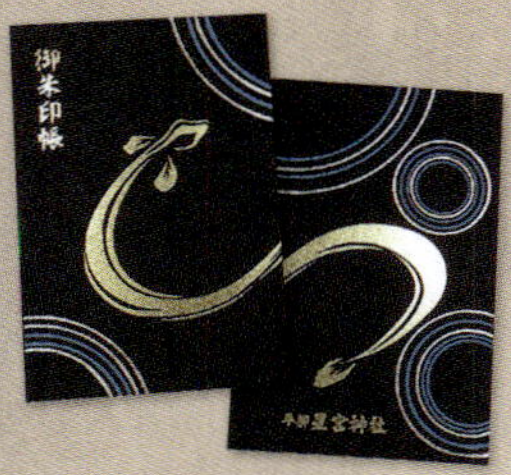

鰻が描かれた御朱印帳（紺）。白地のバージョンもある。1,500円

御朱印

鰻と稲穂が描かれた御朱印。見開きもある

星宮神社

栃木県栃木市平柳町 1-23-26
TEL 0282-23-0795
［参拝時間］24 時間
［御朱印料］片面 500 円、見開き 700 円
（御朱印・御守の授与 9：00 ～ 16：30）
［アクセス］東武日光線・宇都宮線
新栃木駅より徒歩５分
instagram.com/hoshinomiyajinjya

お参りのあとに

栃木市は江戸時代から街道の宿場町として、また、江戸との舟運で栄えた問屋町として繁栄していた。巴波川《うずまがわ》や蔵の街大通りには、土蔵が建ち並んでいる。

蔵の街

栃木県栃木市倭《やまと》町

白鷺神社

白鷺神社は日本全国を旅した日本武尊を祀ることから、厄除・交通安全の御利益があるという

日本武尊の化身
白鷺が救った郷《さと》に建つ

創建は延暦二年（七八三）。一帯を疫病が襲った際に、時の国主が日本武尊の神託を受け、疫病退散の祈願のための祠を建てて祀ったのが始まりだ。日本が豊かな国となるよう全国を旅した日本武尊は、死後白い鳥となって飛び立ったと伝えられる。

康暦二年（一三八〇）、この地域に建つ上三川城が攻められた折、森に群れて飛交う白鷺を多くの旗と見誤り、敵方は戦わずして退却。その時より、「白鷺明神」と呼ばれるようになる。

白鷺との縁の深い神社として、境内の至る所に白鷺の姿が。上写真の手水舎の他、参道の中ほどの神門には七羽の白鷺が彫刻されているので、注目してみよう。

日本武尊が携えた草薙の剣の霊力にあやかり、世界平和を願い造られた「平和の剣」

御祭神

日本武尊《やまとたけるのみこと》

ここに注目!

神門に彫刻された白鷺。立体的な造形が美しく、今にも飛び立ちそうな姿をしている。

こんな授与品も

日本一大きな宝剣「平和の剣」は、あらゆる災い・罪・穢れを断ち斬り、厄除け・開運の霊力を持つとされる。「厄災断ち御守」1,000円

白鷺を象った社紋と「平和の剣」が描かれた「厄除け御守」1,000円

御朱印

羽ばたく白鷺と金の社紋、「平和の剣」をモチーフにした御朱印

白鷺神社

栃木県河内郡上三川町しらさぎ1-41-6
TEL 0285-56-4553
［参拝時間］9：00～17：00
［御朱印料］600円（2020年2月4日から両面800円・片面500円）
（御朱印・御守の授与9：00～16：30）
［アクセス］JR石橋駅より車10分
shirasagi.or.jp

※P126に詳細地図あり

お参りのあとに

かつてこの地域に建っていた上三川城は現在、公園として整備され、当時築かれた土塁や石垣などを見ることができる。また、桜やツツジの名所としても知られる。

上三川城址公園

栃木県河内郡上三川町上三川5078番地外

知っておきたい神使解説　その5

絵馬の起源になった神様の乗り物

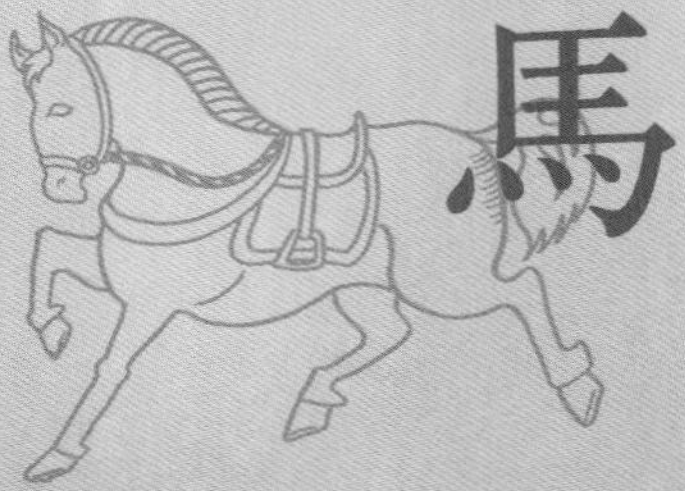

古来より、神様の乗り物とされた馬は神への供物とされることが多く、例えば雨乞の際は黒馬を、止雨を願う際は白馬を捧げた。平安時代には生きた馬ではなく、馬を象った木像や土像が用いられるように。その後、石像・銅像の馬を経て、さらに簡略化されたものが絵馬である。

神様が乗るための馬は「神馬《しんめ》」と呼ばれ、その像は楼門などに置かれることも多い。京都府の伏見稲荷大社や香川県の金刀比羅宮でも、楼門に設えられた神馬像をみることができる。また、京都の貴船神社や東京の神田明神など、馬を神使とする神社では、厩舎を設け馬を育てていることもしばしば。神事の際には、神馬としての役割を果たしている。

生え替わる角は再生のシンボル

牛や羊などと異なり、角が毎年生え替わる雄鹿は、再生の象徴として神聖視された。その鹿を神使としているのが、茨城県の鹿島神宮や奈良県の春日大社などで祀る武甕槌大神《たけみかづちのおおかみ》だ。タケミカヅチは「建御雷神」とも書き雷を司る神、また刀剣の神と言われる。

鹿島神宮では、天照大神から武甕槌大神への使者が鹿の神霊である天迦久神《あめのかぐのかみ》であったことから、また春日神社では、平城京の鎮護のために鹿島神宮より武甕槌大神を招いた際白鹿に乗って現れたことから、鹿を神使として崇めることとなった。

なお、鹿と共に紅葉が描かれるのは、秋に雄鹿が発する求婚の鳴き声が鳥に似ていることから、「紅葉鳥」とも呼ばれたことに由来する。

茨城エリア

鹿島神宮

天照大神使者・鹿の神霊である天迦久神が武甕槌大神のところへ来たことに因み神使が鹿となった

武将からも崇拝されてきた古社

神武天皇が東征の際に武《たけ》甕槌大神《みかづちのおおかみ》の「韴霊剣《ふつのみたまのつるぎ》」の神威により思わぬ窮地から救われた。それに感謝した神武天皇は即位の年の皇紀元年（紀元前六六〇）に武甕槌大神をこの地に勅祭したのが鹿島神宮の始まりと伝わる。中世から近世にかけては源頼朝、徳川家康など武将の尊崇を集め、武神として仰がれるように。現在の社殿は徳川秀忠により、また奥宮は徳川家康、楼門は水戸初代藩主徳川頼房により奉納されたもので、いずれも国の重要文化財に指定されている。

年間約九〇の祭典を開催し、流鏑馬《やぶさめ》など武道にまつわる催しや特色ある年中行事が行われ多くの参拝客が訪れている。

本殿・石の間・幣殿・拝殿の4棟からなる社殿

御祭神

武甕槌大神《たけみかづちのおおかみ》

ここに注目!

幕末にほとんどいなくなった鹿だが、昭和32年に奈良の神鹿を3頭、神田明神より2頭譲り受け鹿園を開園。現在30頭ほどいる。小鹿や一頭だけいる「耳が垂れた鹿」も人気。

こんな授与品も

神鹿絵馬。500円

右は鹿の角と剣がデザインされた幸運守800円、左は開運出世の鹿島立守800円

御朱印

本宮で授かる御朱印。右に御祭神が書かれている

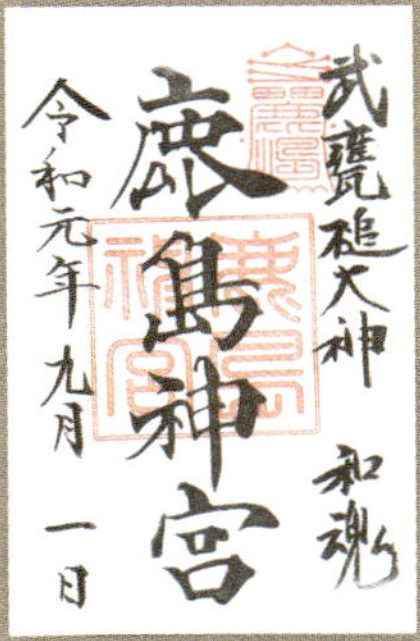

鹿島神宮

茨城県鹿嶋市宮中2306-1
TEL 0299-82-1209
［参拝時間］24時間
［御朱印料］300円
（御朱印・御守の授与8:30～16:30）
［アクセス］JR鹿島神宮駅より
徒歩7分
kashimajingu.jp

お参りのあとに

鹿島神宮駅と鹿島神宮を結ぶ参道沿いにある商店街。食事したりお土産を買ったりしながらぶらぶらしよう。鹿のオブジェも必見。

鹿島神宮参道商店街

鹿島神宮参道

筑波山神社

ガマガエルが口を開いたように見える「ガマ岩」

筑波山名物「ガマの油」が生まれたガマ岩

関東の霊峰「筑波山」を御神体と仰ぎ、約三千年の歴史のある古社。その筑波神社を擁する筑波山山頂付近の男体山本殿と女体山本殿との間の尾根沿いにあるのが、こちらのガマ岩だ。

江戸時代、香具師《やし》の永井兵助は傷薬として用いられていた軟膏「ガマの油」を江戸市中で売るために、この石の前で「ガマの油売口上」を考案し、大道芸として披露しながら販売した。すると、その「ガマの油」が大ヒット商品となったことから、商売繁盛の御利益があるとされ、いつの頃から、ガマ岩の口に石を投げ入れて上手く入ると、御利益があると言われるようになった。

境内は中腹の拝殿より山頂を含む約370ha ある

御祭神

筑波男大神
伊弉諾尊《いざなぎのみこと》

筑波女大神
伊弉冊尊《いざなみのみこと》

こんな授与品も

男体守・女体守800円。山頂で授与しており、本殿登拝の証として人気

筑波山の神様の分身ですべての事柄に御利益があるとされる。錦守1,000円

ここに注目!

徳川家光が寄進した境内社「日枝神社」の蟇股《かえるまた》の彫刻は、日光東照宮の「眠り猫」の作者で知られる左甚五郎作と伝わる。日光東照宮より、こちらの三猿の方が古いという。

御朱印

男体山、女体山それぞれのお参りの方は拝殿社務所で授与してくれる

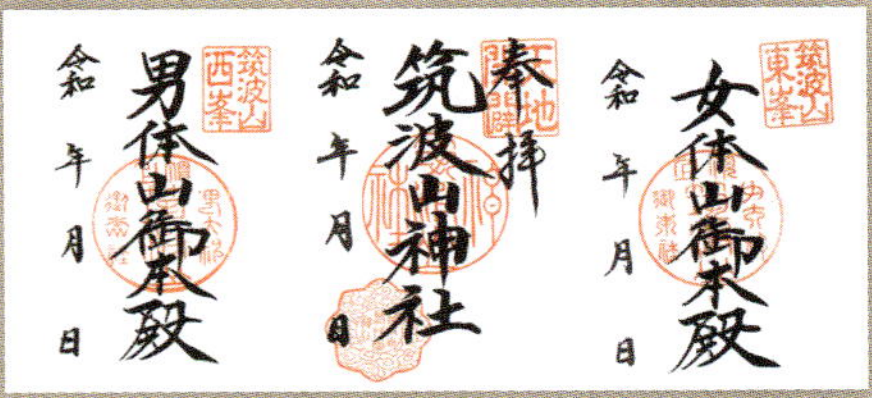

筑波山神社

茨城県つくば市筑波1番地
TEL 029-866-0502
[参拝時間] 24時間
[御朱印料] 500円
(御朱印・御守の授与 9:00～17:00)
[アクセス] つくばエクスプレス
つくば駅よりバスで40分
tsukubasanjinja.jp

※P126に詳細地図あり

お参りのあとに

筑波山ケーブルカー 筑波山頂駅のとなりにあり、1階が売店、2階が展望食堂、屋上には展望台がある。関東平野を一望できる絶景スポットだ。

コマ展望台

茨城県つくば市筑波1 筑波山 御幸ヶ原

馬

笠間稲荷神社

御祭神

宇迦之御魂神《うかのみたまのかみ》

楼門に奉納された神馬。今にも駆け出しそうな、躍動感のある像だ

狐で知られる稲荷神社
神馬像のゆかりも深い

創建は白雉《はくち》二年（六五一）と伝わる。江戸時代には社殿の拡張や境内地・神具等の寄進が行われるなど、歴代の笠間藩主の尊崇を受けてきた。今では年間三五〇万余の人々が参拝に訪れ「日本三大稲荷」の一つと呼ばれ親しまれている。

第四代藩主・永井直勝は古河藩へ転封後も笠間稲荷の分霊を祀っていたため、その領民たちが奉納した神馬像が現在の楼門にある。

また、毎年十一月三日には神事流鏑馬が行われている。稲荷神に縁の深い農作物の豊凶を占うと共に、弓馬術礼法宗家・小笠原流の伝統を保存するために行われており、鶴岡八幡宮・日光東照宮と並ぶ三大流鏑馬の一つに数えられている。

五穀豊穣、商売繁盛の神として古くから厚く信仰されてきた

ここに注目！

神馬像の背中には「御幣《ごへい》」が乗っている。御幣とは紙または布を切り、細長い木にはさんで垂らした神具の一つ。神社の祭典等で神主が振る道具として見たことのある人も多いだろう。

こんな授与品も

交通安全と身体健全を祈る御守。様々な柄を取り揃える。500円

開運招福熊手。御祭神「宇迦之御魂神」は稲荷大神の神名で、五穀をはじめ一切の食物を司る。500円

御朱印

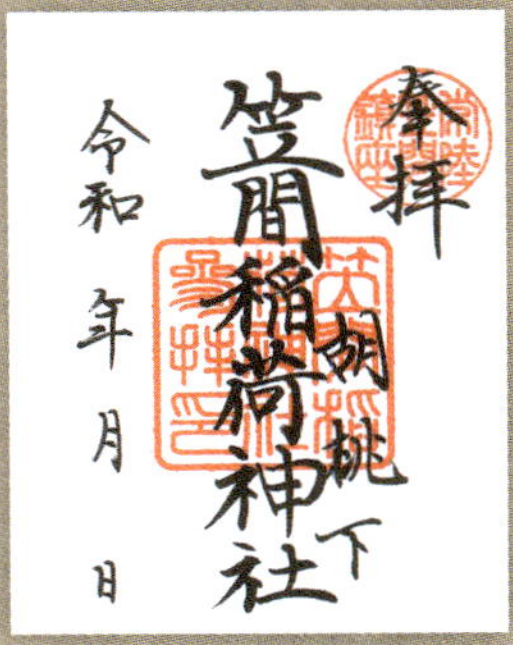

「胡桃下」と書かれているのは、昔、この地には胡桃の密林があり、そこに稲荷大神が祀られていたことから「胡桃下稲荷《くるみがしたいなり》」とも呼ばれているため

笠間稲荷神社

茨城県笠間市笠間1番地
TEL 0296-73-0001
［参拝時間］6：00～17：00
［御朱印料］500円
（御朱印・御守の授与8：00～17：00）
［アクセス］JR笠間駅より徒歩20分
kasama.or.jp

※ P126に詳細地図あり

お参りのあとに

笠間焼で有名な笠間。「笠間芸術の森公園」には茨城県陶芸美術館、陶炎祭《ひまつり》などが行われるイベント広場、陶造形物を屋外展示した「陶の杜」などがある。

笠間芸術の森公園

茨城県笠間市笠間2345
0296-72-1990

関東広域MAP

水上
亀岡八幡宮 ›››P110
宇都宮
星宮神社 ›››P112
白鷺神社 ›››P114
前橋
高崎
伊勢崎
佐野
水戸
白蛇辨財天 ›››P108
笠間稲荷神社 ›››P122
栗橋八坂神社 ›››P78
聖神社 ›››P76
寄居
筑波山神社 ›››P120
鹿島神宮 ›››P118
田島御嶽神社 ›››P80
調神社 ›››P72
秩父神社 ›››P74
三峯神社 ›››P64
大宮
水宮神社 ›››P70
取手
鷲神社 ›››P86
多聞院 ›››P68
阿豆佐味天神社
・蚕影神社 ›››P16
成田空港
山倉大神 ›››P84
東京
八王子
品川
大國魂神社 ›››P20
千葉神社 ›››P90
武相総鎮護 座間神社
・伊奴寝子社 ›››P102
新横浜
長福寿寺 ›››P88
P125
木更津
箱根神社
・九頭龍神社 ›››P94
小田原
三島
熱海

東京23区・神奈川横浜・川崎MAP

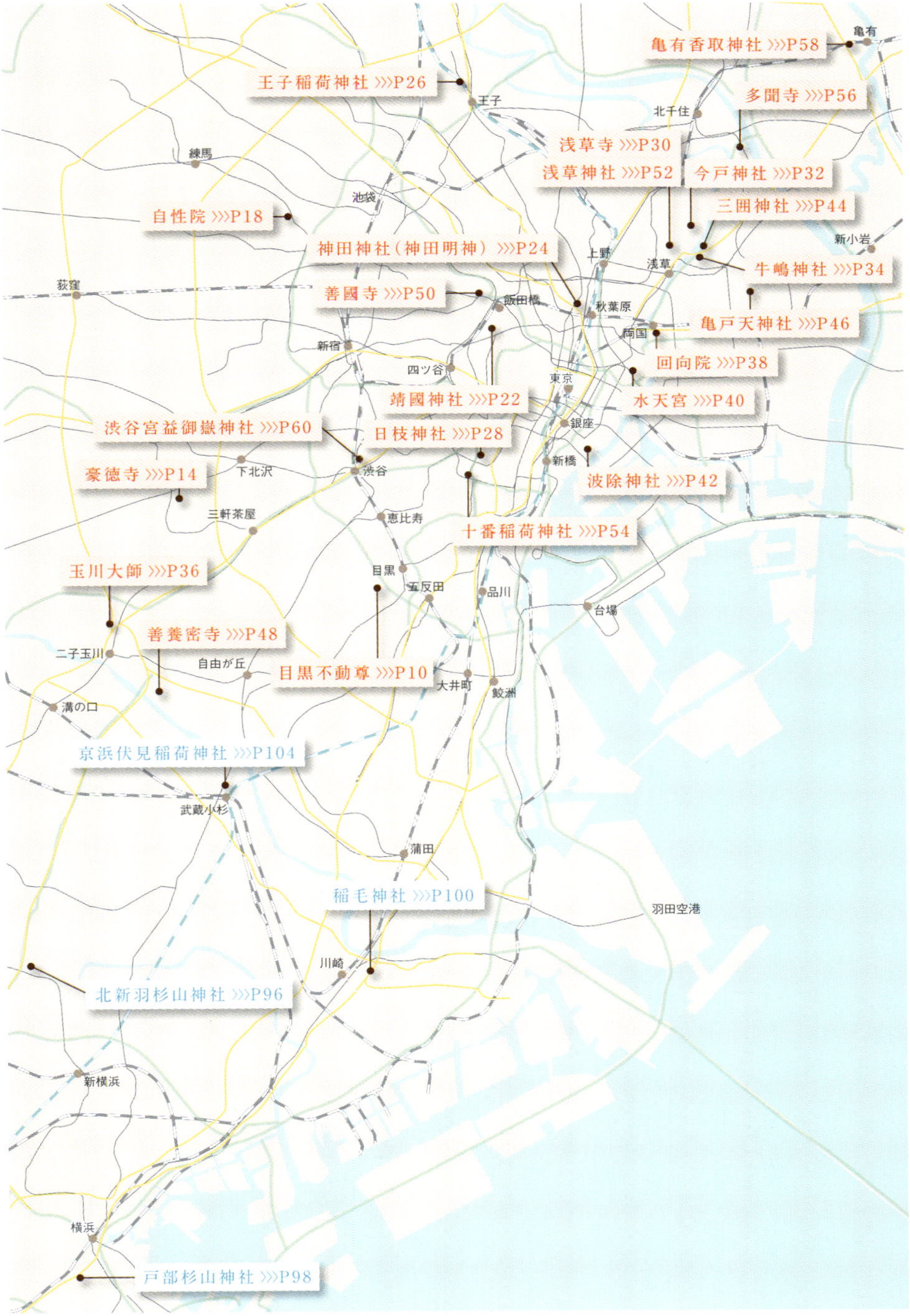

略地図

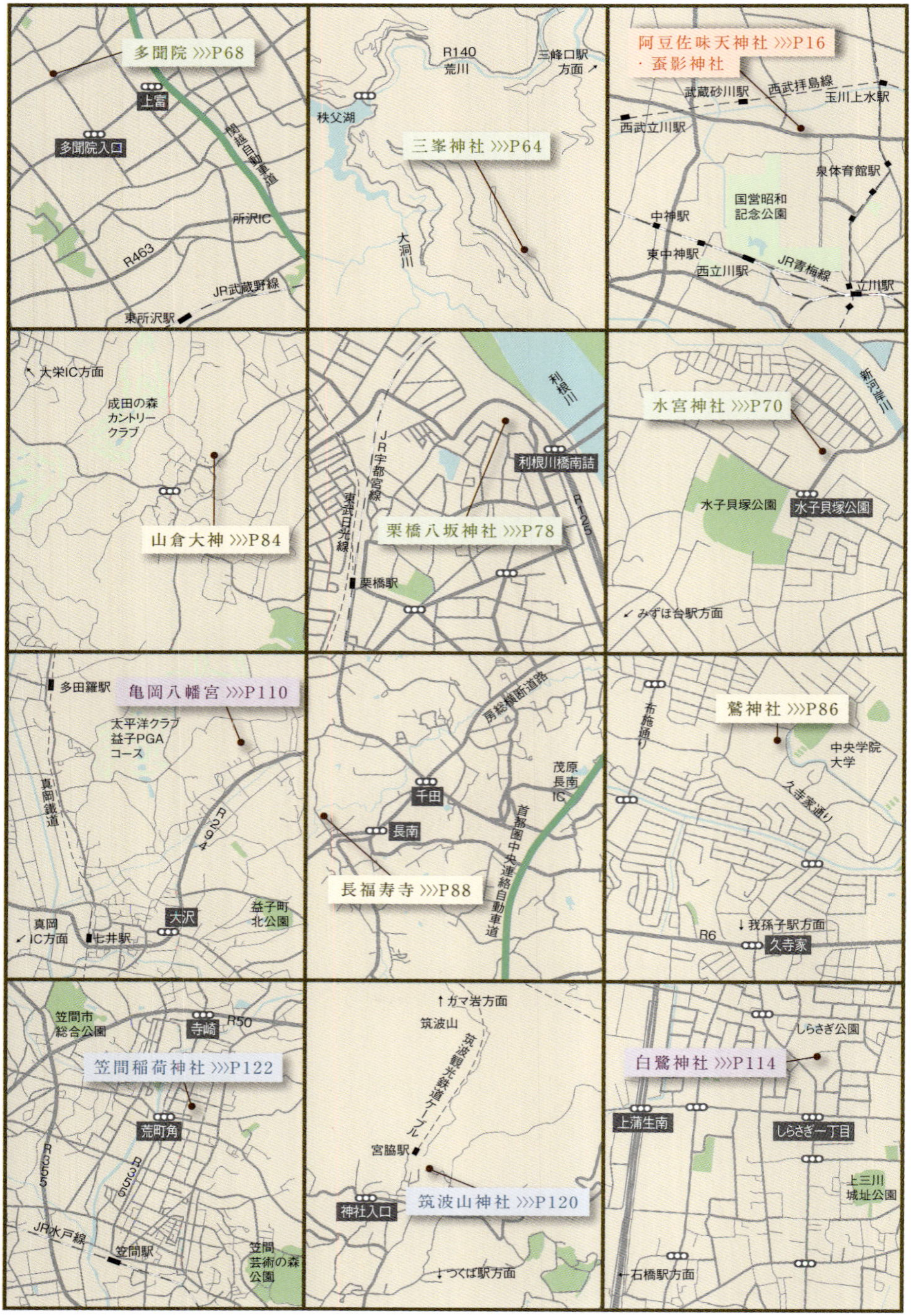

多聞院 ›››P68
上富
多聞院入口
関越自動車道
所沢IC
R463
JR武蔵野線
東所沢駅
R140
荒川
三峰口駅方面↗
秩父湖
三峯神社 ›››P64
大洞川
阿豆佐味天神社 ›››P16
・蚕影神社
武蔵砂川駅
西武拝島線
玉川上水駅
西武立川駅
泉体育館駅
国営昭和記念公園
中神駅
東中神駅
西立川駅
JR青梅線
立川駅
↖大栄IC方面
成田の森カントリークラブ
山倉大神 ›››P84
利根川
JR宇都宮線
東武日光線
利根川橋南詰
R125
栗橋八坂神社 ›››P78
栗橋駅
新河岸川
水宮神社 ›››P70
水子貝塚公園
水子貝塚公園
↙みずほ台駅方面
多田羅駅
亀岡八幡宮 ›››P110
太平洋クラブ益子PGAコース
真岡鐵道
R294
真岡↙IC方面
七井駅
大沢
益子町北公園
房総横断道路
茂原長南IC
千田
長南
首都圏中央連絡自動車道
長福寿寺 ›››P88
布施通り
鷲神社 ›››P86
中央学院大学
久寺家通り
R6
↓我孫子駅方面
久寺家
笠間市総合公園
寺崎
R50
笠間稲荷神社 ›››P122
荒町角
R355
R355
JR水戸線
笠間駅
笠間芸術の森公園
↑ガマ岩方面
筑波山
筑波観光鉄道ケーブル
宮脇駅
神社入口
筑波山神社 ›››P120
↓つくば駅方面
しらさぎ公園
白鷺神社 ›››P114
上蒲生南
しらさぎ一丁目
上三川城址公園
←石橋駅方面

索 引

「江戸楽」編集部

取材・撮影・本文
堀内貴栄　尾花知美　宮本翼

デザイン・DTP
KAJIRUSHI

東京周辺　神社仏閣 どうぶつ案内
神使・眷属・ゆかりのいきものを巡る

2019年12月20日　第1版・第1刷発行

監修者　川野 明正（かわのあきまさ）
発行者　株式会社メイツユニバーサルコンテンツ
（旧社名：メイツ出版株式会社）
代表者　三渡　治
〒102-0093　東京都千代田区平河町一丁目1-8
TEL：03-5276-3050（編集・営業）
03-5276-3052（注文専用）
FAX：03-5276-3105
印　刷　三松堂株式会社

◎『メイツ出版』は当社の商標です。

ご意見・ご感想はホームページから承っております
ウェブサイト　https://www.mates-publishing.co.jp/

編集長：折居かおる　副編集長：堀明研斗　企画担当：清岡香奈